もし部下が
発達障害だったら

佐藤恵美

ディスカヴァー
携書
197

はじめに

「おまえ、なぜ何度言っても同じミスを繰り返してばかりなんだ？　発達障害なんじゃないか？　病院に行って調べてもらってこい」

これは、ある職場においてミスを繰り返す部下に対する上司の言葉です。

私が勤務しているのは、働く人のための精神科クリニックですが、受診する人の中には「上司にこう言われたので受診しました。自分は発達障害なのでしょうか？　違うのでしょうか？　調べてください」と言う人がいます。

このような人にお会いすると、職場の発達障害をめぐっては、まだまだ問題が山積していることを思い知らされます。というのは、上司の言葉からも、本人の言葉からも、発達障害に対してさまざまな誤解があると感じるからです。

さらに、こうした言葉が上司から出るということは、本人の苦しみはもちろん、職場の周囲も困り果て疲弊し、どうしてよいか分からず、職場全体の健康が失われてしまっているのではないかとも危惧されます。職場における発達障害は、もはや個人の課題だけではなく、組織全体の課題になっていると言ってもよいでしょう。


昨今「発達障害」という言葉がより身近になっています。医療や相談支援機関、教育現場だけでなく、芸能人がカミングアウトしたり、メディアに取り上げられたりして、多くの人に知られるようになりました。しかし、「発達障害」という言葉が一般的になったからといって本人や周囲にとってよい環境が整ってきているとは限りません。注目度が上がった結果、レッテル張りが横行し、偏見を助長することにもなりかねません。

特に問題だと思うのは、業務におけるパフォーマンスの問題と発達障害を安直に結び付けてしまうことです。もちろん、仕事がうまく進められなかったり、失敗を繰り返したりしてしまう背景には発達障害の特徴が隠れている可能性もあります。しかし、あまりにも拙速かつ無責任に障害を持ち出すことで、働く人それぞれの個性を見極め、能力を活かし、育てるといった社員育成の視点が軽視されてしまうのではないかと危惧されるのです。
また、本人自身も「発達障害」というレッテルによって、自分のキャリアを断念してしまうとしたら問題です。

実際には、発達障害の診断を受けた人の中には、診断によって「ほっとした」「納得した」と言う方も少なくありません。それまで長い間、「なぜ自分はうまくいかないのだろう」「なぜ皆のようにできないのだろう」と悩み、自分を責めてきたけれども、「自分は悪くなかった」「そういう理由だったのだ」と自分自身を理解できることは、大きな救いにも、新たな道を踏み出す一歩にもなるからです。
自分を知り、理解するということは新たな一歩を踏み出すためには最も重要なターニングポイントになるのです。

そうは言っても診断は簡単ではありません。発達障害かどうかが白黒すぐに判断でき、薬や適切な改善策がすぐその場で医師から提示されると考えるのは、大きな誤解です。「発達障害」と一口に言っても、一人ひとりの特徴は違いますし、環境によってその現れ方も変わってきます。その人が歩んできた人生においても特徴の出方は異なります。
診断基準には当てはまるけれども、社会生活に大きな問題を抱えずに過ごすことができている場合もあります。一方で、診断基準には当てはまらなくても、発達障害の特徴傾向があることによって、家庭生活や仕事がうまくいかずに悩んでいる人もいるのです。

私が心理社会的支援者の立場から発達障害の特徴を持つ人にとって最も大事だと思うことは、**「診断名がつくかどうか」ではなく、「自分の特徴を知って、それをどう活かして生きていくか」**だと思っています。発達障害の特徴を持っているかどうかにかかわらず、人はそれぞれ得意／不得意、好き／嫌い、快／不快などの能力や特徴があります。自分の特徴を自分自身がきちんと理解することによって、時に工夫や調整をしながらも、その特徴がポジティブに活かされるような選択をしていくことが、すなわち自分らしい人生を生きていくことになるのではないかと考えます。

職場においても、本人が自分自身を理解し、うまくいく工夫や調整を実践することや、どうすればもっとも自分の特徴が活かせるか、という視点を持つことが大切だと考えます。また、上司や周囲の同僚も、画一的なマネジメント方法にとらわれず、柔軟な発想でその人自身が仕事で活かされるための工夫を行うことが必要です。

本書は、発達障害の特徴を持つ本人と職場の人たちが、発達障害についての理解を深め、具体的な工夫を実践するヒントを得ることで、誰もが自分らしさを力に変えて働ける職場づくりに役立てていただきたいという思いで書き進めました。

筆者は、職場のメンタルヘルスを専門とするクリニックと、クリニックに併設するEAP（Employee Assistance Program）サービスを提供する機関に身を置くカウンセラー（ソーシャルワーカー）です。そこで培った心理・社会的支援の視点で、職場の発達障害についてお話しします。

本書の特徴は下記の通りです。

❶心理・社会的な支援者の立場で書いています

❷発達障害と言われる人たちの中でも、自閉症スペクトラム障害（ＡＳＤ）と注意欠如／多動性障害（ＡＤＨＤ）の特徴を持つ人を対象として書いています

❸診断の有無にかかわらず、いわゆるグレーゾーンの人たちを想定しています

❹すでに職を得て仕事をしているけれども、うまくいかない状況にある人たちを想定しています

❺上記の人たちを職場でマネジメントする立場の人に役立つ内容です

❻職場における具体的なエピソードや事例を多く用いています

もし部下が発達障害だったら◎目次

第2章 発達障害の特徴を理解する

第4章 事例から学ぶ 上司はどう対応したらよいのか

序章

もし部下が発達障害だったら

以下の出来事はある職場での事例です。文中の「Mさん」の上司が書いたものです。この上司になったつもりで読み進めてください。

＊

Mさんが自分の部署に異動してきたのはちょうど1年ほど前になります。Mさんは当社にしては異動が多く、入社してからこれまでの10年余り、常に2、3年おきに異動を繰り返しています。

以前の部署では、上司とぶつかったとか、取引先からのクレームが多く頻繁に担当を代わっていたなどと聞いています。ある日Mさんから欠勤の連絡があり、それから1週間出勤してきませんでした。1週間経って出勤してきたので、欠勤の理由を尋ねたもののはっきりせず、その後もしばしば遅刻や突発休が目立ちました。

Mさんは、これまでも周囲と衝突することが多く、そのたびに「上司は横暴だ、ハラスメントだ」「この組織はおかしい」と上司を糾弾することがありました。

業務は非常に緻密に進めるため、成果物に信頼はありますが、いつも納期を大幅に過ぎるので、同僚や取引先からもクレームが上がります。上司がやり方を変えるよう注意すると、とたんに「自分は正当な仕事をしている」「いい加減な仕事をしているみんながおかしい」と、攻撃的になってしまい、自分のやり方は一向に変えません。

またある時は、取引先の担当者の「今度飲みに行きましょう」という言葉を真に受け、「今度」とは今日なのか明日なのかと会うたびに執拗に尋ねるため、担当者から苦情がきたこともあります。

1週間の欠勤以降は、ますますそうした傾向が強くなり、大小さまざまなクレームが増え、成果物も出せないような状態にまでなっています。顔色も悪く、ひどく疲れたように日中居眠りをしていることもあるので、「一度病院で診てもらったら」と声をかけましたが、「自分は大丈夫だ」の一点張りです。Mさんの言動を見ていると、うつ病なのか、最近よく聞く発達障害の可能性もあるのではないか、などと思うのですがよくわかりません。

Mさんが仕事をしやすく、周囲も困らないように何らかのマネジメントの工夫をするべきなのかと考えるのですが、どのようにすればよいのか分かりませんし、Mさん自身が特別な配慮を拒否する可能性もあります。また、本当に業務上の配慮が必要なのか、それとも単に彼の未熟さや、わがままを許すことになってしまうのか、自分でもよく分かりません。どのように対応すべきなのでしょうか。

何が問題なのかを整理してみる

まずは、Mさんがどういう人なのか、何が問題なのかを整理しておきましょう。

Mさんは、仕事の手順ややり方にこだわりがあり、状況やニーズに合わせてそれを変えることができないという行動の特徴傾向がある可能性があります。

誰しも、業務上の失敗や不適切な行動をしてしまうことはありますが、異動前から同じ問題が継続している可能性が高いことや、何度注意をしても改善がなされないことからも、一貫した行動の特徴傾向を有している可能性が推測されます。

しかし、Mさん自身は、自分の業務のやり方を「必要なやり方である、ごく当然の正しいやり方をしている」と思っているので、むしろ、同じやり方をしない周囲やそのやり方を受け入れない上司に対しての不信感や怒りが膨張している様子です。上司や組織を糾弾することは、一般的には暴挙に思えますが、本人としては、思ったことを抑えられず、相手に配慮した言い方や方法が分からず、ストレートに物を言ってしまう、という発達障害の特徴傾向によるものとも考えられます。

社外の人の社交辞令も字義通り捉えて、曖昧な表現の「今度」の具体的な日にちが決まるまで執拗に確認していますが、本人にとっては、不確定な日程で誘われたので、日程を明確にしたいというだけの意図であるのだと思われます。当然相手は戸惑いますが、そうした相手の感情の理解ができないため、クレームにまで至ってしまったのかもしれません。

このように本人にとっては当たり前のことをしていることが、誤解され叱責やクレームとなり、業務に支障を与えたり、社外の人に謝罪しなければならない事態になることもあります。

本人はたとえそれが自身の特徴傾向に起因しているということに気がついていなくても、結果としてあちこちで軋轢が生じていることは分かりますから、本人自身も気づかないうちにストレスが高じていくことがあります。

ストレスが高じると、持っている特徴が強調されてしまうこともあると同時に、二次的な抑うつ症状が出現してくることがあります。

1週間の突発休を取ったころから、Mさんもうつ症状が悪化している危険性が考えられます。

つまり、Mさんには一貫している行動の特徴傾向があり、それが業務遂行の遅れや仕事上の人間関係に影響を与えてしまっている可能性が高いのです。また、突発休のあたりからは、うつ病などのメンタルヘルス不調も疑われる状況にあります。

上司としてどうすればいいのか

上司としては、Mさんのように、さまざまなトラブルを起こしていたとしても、恐らく最初の数か月は、すぐに発達障害やメンタルヘルス不調を疑うことなく、まずは改善を促すために注意を与えるはずです。

しかし、注意をした後も言動のパターンは変わらず、さらに想定外のトラブルが高じていくことに、どうしたものだろうと頭を悩ませることになっていきます。Mさんの異動の頻度がかなり高いのは、もしかしたら、通常のマネジメントでは難しかったため、異動という手段で問題が深刻化しないように、職場が取った対策だったとも考えられます。

しかし本来的には、「異動」というその場しのぎの対処だけでなく、**Mさんをどうマネジメントするのか、というところが課題であると言えます。**

では、上司が「もしかしたら、発達障害なのではないか」と思い至ったとして、そこから先どうしたらよいのでしょうか。

そこから先が、多くの上司が行き詰るところです。というのも、上司が「あなたは発達障害ではないか」などと本人に突き付けることは、人権侵害にもつながる大きなリスクがあります。かといって、上司自身も発達障害かどうかの確証のない中で、何を根拠に、どういう業務上の調整をすればいいのか分からないというジレンマに陥ってしまうからです。

ときに、本書冒頭のような上司の「おまえ、発達障害なんじゃないか？　病院に行って調べてもらってこい」という発言に至ることもあるわけです。

しかし、Mさんの上司も心配しているように、不用意に障害を持ち出せば、本人が反発することも危惧されます。ましてや、Mさんのように過去に上司のパワハラを訴えたことがある場合、上司との信頼関係が構築されていない可能性がありますから、障害のレッテルを張られたという被害者的な気持ちが生じてしまう危険も考えられます。

次章以降では、「発達障害」とはいかなるものなのか、そして上司としてどのようにマネジメントしていけばよいのかを具体的に解説していきます。

第1章

「発達障害」と白黒はっきりさせることは難しい

そもそも発達障害とは

発達障害は脳機能の発達のアンバランス

発達障害とは、生まれつきの脳のさまざまな機能の発達に関する障害を指します。しかし、「発達障害」という個別の疾患があるわけではなく、後述する「自閉症スペクトラム障害：ＡＳＤ（Autism Spectrum Disorder）」、「注意欠如／多動性障害：ＡＤＨＤ（Attention Deficit Hyperactivity Disorder）」などを含めた総称です。日本においては発達障害という言い方が一般的に通っているので、本書では、ＡＳＤとＡＤＨＤを対象として、「発達障害」という表現で進めていきます。

さて、私たちの脳には、たとえば見る、聞く、言葉を話す、書くなどの機能、考える機能、感情をつかさどる機能など、実にさまざまな機能があります。また、論理的・科学的思考もあれば、直感や創造性、空間の把握など、考える機能もいろいろです。

人の顔が皆違うように、こうした脳の複雑な機能にもまた、それぞれ少しずつ違う特徴があります。それが時に「個性」と呼ばれることもあるでしょう。しかし、**これらの脳機能の発達のアンバランスさが生まれつき顕著であるために、社会生活に様々な困難をきたしてしまうのが発達障害です。**

生まれつきの脳の特徴からくるということがなかなか理解されず、親の育て方の問題や本人の努力不足であると誤解されてしまうことも少なくありません。

発達障害は、生まれつきの脳の機能の発達のアンバランスさからの特徴ですから、乳幼児期や学童期にもそれに起因する行動の特性は現れています。乳児期であれば、あやしても笑わないとか、触られるのを嫌がるなどが見られます。幼児期や学童期には、同じ遊びを何度も繰り返す、おもちゃの配列にこだわる、他の子どもに関心が無い、極端な偏食、集団行動ができないなどが見られることがあります。

基本的に、その特徴は成長しても、大きく変化することはありませんが、特徴の程度が強くない場合や、成長するにつれてうまく対処する方法を編み出すなどして、次第に特徴が目立たなくなる場合があります。

乳幼児期や学童期に、養育者が育児のしづらさを感じることがあったり、学校では少し変わった子どもだと思われることがあったりしても、相談機関や医療機関を訪れることなく、診断や支援を受ける機会を得ずに青年期や成人期を迎えることもあります。

しかし、環境変化があった場合、**特に就職して社会に出ると、周囲からの要求される水準や質が変わるため、それまで目立たなかった特徴が職場の対人関係や業務遂行における「トラブル」として顕在化してくることがあります。**

そして、トラブルの連続の中で、ストレスが増大した結果、抑うつ状態となり医療機関を受診するケースも増えています。

発達障害は「グラデーション」

発達障害の分かりにくさのひとつに、複数の分類の仕方や疾病の呼称が存在していることが挙げられます。

昨今の最も大きな流れとしては、アメリカ精神医学会が出している「ＤＳＭ（Diagnostic and Statistical Manual of Mental Disorders）」という精神障害の診断・統計マニュアルが２０１３年に「ＤＳＭ－５」（第5版）として改訂され、「自閉症」「アスペルガー症候群」「広汎性発達障害」などの名称が「ＡＳＤ（Autism Spectrum Disorder）」としてひとつにまとめられました。日本語では「自閉症スペクトラム（障害）」と訳されます。それまでの、「自閉症」や「アスペルガー症候群」「広汎性発達障害」などは、それぞれ別物ではなく、ひとつの連続体（スペクトラム）であるという考えに基づいています。

「スペクトラム」とは、はっきりとした区切りのないグラデーションの虹のようなイメージです。しかし、医療機関や支援機関では、「自閉症」や「アスペルガー症候群」などの名称が引き続き使われている場合もありますので、さまざまな診断名が混在しているように見え、分かりにくくなっています。「ＤＳＭ－５」はアメリカの診断基準ですが、日本も含めて医療機関等において世界的に使われています。

一方、世界保健機関（ＷＨＯ）による国際疾病分類のＩＣＤ（International Classification of Diseases）という分類法もあります。日本国内でも「ＩＣＤ－10」（第10版）が広く使用されています。平成17年度に施行された「発達障害者支援法」はＩＣＤ－10に準拠し、発達障害は「自閉症、アスペルガー症候群その他の広汎性発達障害、学習障害、注意欠陥多動性障害その他これに類する脳機能の障害であってその症状が通常低年齢において発現するもの」と定義されています。

このように、診断の基準となる分類もひとつではありませんし、また時代とともにそれらも改定され、分類の考え方が変遷しているため、発達障害の疾病概念が分かりにくいと言えるかもしれません。

発達障害は、この「ＡＳＤ」の他に「ＡＤＨＤ（Attention Deficit Hyperactivity

図1 発達障害の分類

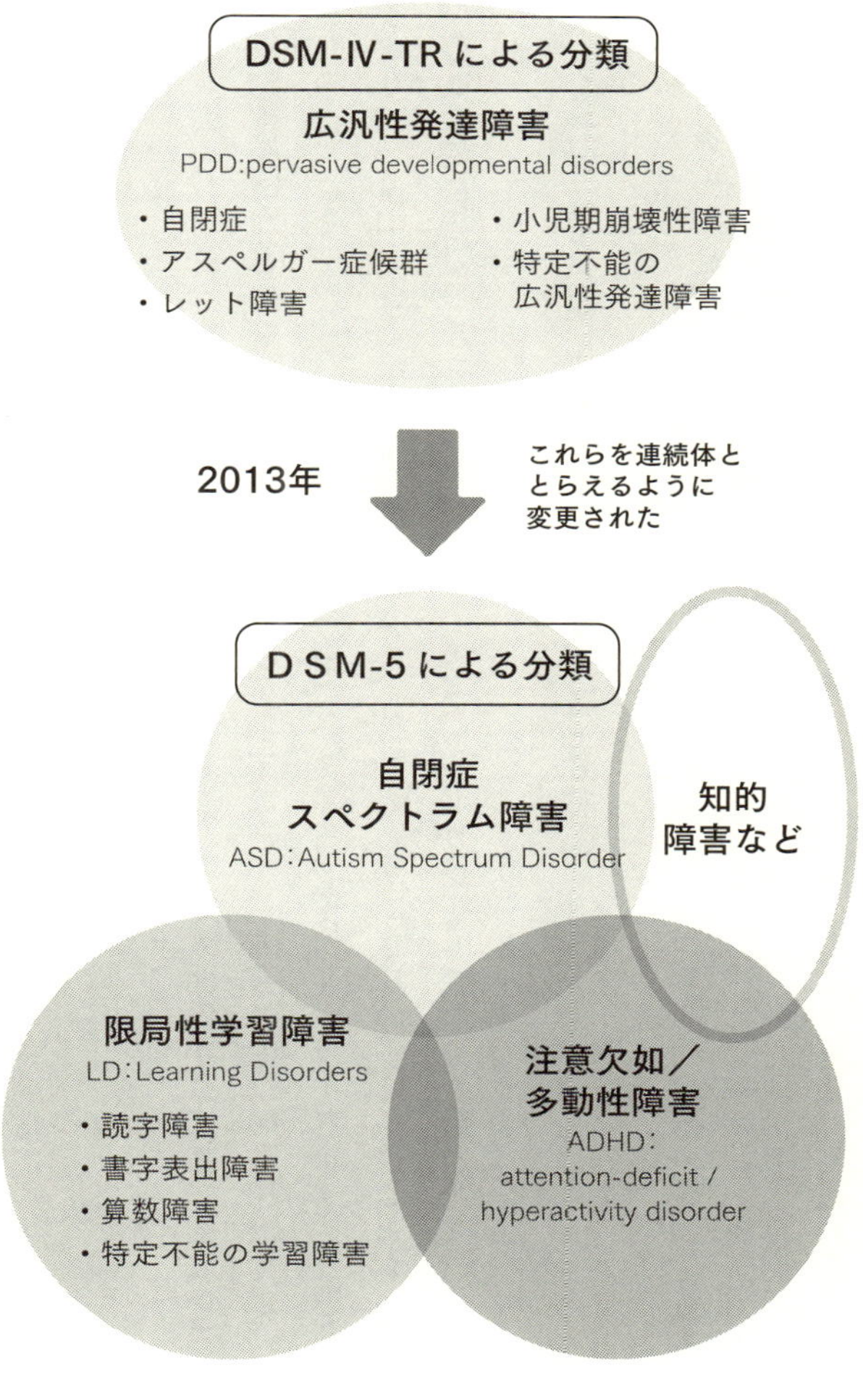
DSM-IV-TRによる分類
広汎性発達障害
PDD:pervasive developmental disorders
・自閉症
・アスペルガー症候群
・レット障害
・小児期崩壊性障害
・特定不能の広汎性発達障害
2013年
これらを連続体ととらえるように変更された
DSM-5による分類
自閉症スペクトラム障害
ASD:Autism Spectrum Disorder
知的障害など
限局性学習障害
LD:Learning Disorders
・読字障害
・書字表出障害
・算数障害
・特定不能の学習障害
注意欠如／多動性障害
ADHD:
attention-deficit /
hyperactivity disorder

Disorder）注意欠如／多動性障害」と、「LD（Learning Disability）学習障害」の主に3つに大別されます。（図1）

ＡＳＤの主要な特徴は、「社会的なコミュニケーション・対人関係の持続的な難しさ」と「限定された反復的な行動、興味、活動」です。つまり、**対人関係がうまくできないこと、行動や興味などにおいて独特のこだわりを示すことが、障害の中核的な特徴です。**

ＡＤＨＤは、「不注意」と「多動性および衝動性」によって特徴づけられます。**注意を継続できない、集中できない、落ち着きがなく、待つことができない、ということが、障害の中核的な特徴となります。**また、ＡＳＤとＡＤＨＤが併存している場合もあります。

発達障害と白黒はっきり診断するのは難しい

昨今、「大人の発達障害」という言い方がよくされますが、それはあたかも大人になってから発現した障害であるかのように聞こえてしまうかもしれません。しかし、前述のように、発達障害は生まれつきのものですから、大人になってから障害が生じるということはなく、「発達障害を持った人が成人に達した」という意味です。

子どもの頃に発達障害と診断され成人に達した場合もありますし、子どもの頃には診断されることはなく、成人に達してから発達障害と診断された場合もあります。

後者は、子どもの頃から生活のしづらさを感じることはあっても、診断を受けるまでには至らず、大人になってから社会生活の中でさまざまな支障をきたすことによってその特徴傾向に気づき、大人になってから初めて診断されます。


いずれの場合にも、その特徴は生まれつきに持っているので、大人になってから発達障害を疑う場合には、生まれつきの特徴があったかどうかを調べる必要があります。ですから、相談機関で発達障害の可能性を考える場合は、乳幼児期からの「成育歴」を尋ねます。

本人は覚えていないことも多いと思いますので、父母などの養育者にお尋ねすることもあります。しかし、養育者がすでに高齢により来院が難しいことや、当時の記憶が曖昧な場合もあります。また養育者が、子どもの持つ特徴を自然とカバーしながら養育してきたために、「困ったことや、他の子どもと違うと感じたこと」として記憶されていないこともあります。

このように、すでに大人になっている場合は、乳幼児期からの成育歴を把握するには困難が伴います。したがって、大人になってからの発達障害の厳密な診断には、限界も大きいと言えます。


診断をするためには、こうした成育歴の聞き取りだけでなく、複数の心理検査も行われます。最も使われているのは、「ウエクスラー式成人用知能検査」という心理検査です。

しかし、一般的に誤解されているのは、心理テストをひとつ受ければ、白黒が判明すると思われているところです。

診断するためには、ひとつだけの心理テストでは不十分ですし、前述した診断マニュアルにも、心理テストの指定やそれをもとにした診断基準はありません。そのため、検査者は、診断基準を満たしているのかどうかを、さまざまな方法で検討し、総合的に判断する必要があります。

複数の心理テストを実施し、前述のように、主な養育者から聞き取りも行い、現在の生活に最も関わっている配偶者などの家族に、生活状況をお聞きする場合もあります。
もちろん本人自身から現在の生活ぶりや仕事ぶりを、丁寧に聞き取ることも大切です。個別のカウンセリングやリワークプログラム（復職支援のためのプログラム）の中で、丁寧に話を聞いたり、プログラム参加の様子を見る中で、発達障害の特徴傾向が把握できることもあります。

つまり、いずれにしても「発達障害である」と白か黒か診断するのは容易ではないということです。なぜなら、白と黒が隣り合わせにあるわけではなく、特徴傾向はあるけれども、白とも黒とも言い切れないグレーという場合もあるからです。また、環境によって、黒に近くなったり、白に近くなったりすることもあります。

ある医療機関では「発達障害です」と言われて、別の医療機関では「発達障害とは言えません」と言われたとしても、どちらかが誤診だとは言い切れません。本人や周囲が白黒を期待して診断を求めても「グレーだという診断結果です」「発達障害の特徴傾向が認められます」というように、曖昧さを残した診断になることも少なくありません。

また、発達障害の概念図でも示したように、「自閉症スペクトラム障害（ASD）」と「注意欠如／多動性障害（ADHD）」「学習障害（LD）」もそれぞれが重なり合っていて、境目は曖昧です。特に、実際の支援場面では、ASDの特徴とADHDの特徴が両方ある、ととらえて支援することも少なくありません。

では、明確に診断が下らなければ、支援は必要ないのでしょうか。そうではありません。グレーであっても、社会生活上、うまくいかないことが頻発して本人や周囲が困っていたり、二次的なうつ病などのメンタルヘルス不調を繰り返しているのであれば、何らかの支援が必要です。

つまり、**発達障害とはスペクトラムであり、たとえ黒という診断ではなくとも、本人への理解や支援が必要である場合が少なくないのです。**これが理解できていないと、冒頭の「ミスを繰り返しているから病院に行って調べてこい」と言った上司や、その言葉を受けて「自分は発達障害ですか？　そうではないですか？」と迫った本人も、「グレーだ」という診断に納得できないということになってしまうおそれがあります。あるいは、グレーだと言われたその先、どうしたらよいのか途方に暮れてしまうかもしれません。
ではさらに、発達障害という言葉の「障害」という部分について、もう少し考えてみましょう。

「障害」のとらえ方について

「発達障害」という言葉は、「健常」とはっきり区別するような特別な印象を与えます。健常と障害の間には、太い明確な線がある、あるいは、障害の真逆に健常がある、というようなイメージでしょうか。しかし本当にそうなのでしょうか。発達障害の特徴や傾向について知れば知るほど、自分自身は健常と思っている人の中に多少なりとも発達障害の特徴傾向と共通する部分を見つけるはずです。

「普通の一言のつもりなのに、周囲が引いてしまうことがある」とか、「飽きっぽいのにすぐいろいろなことに手を出す」。あるいは「物事はとことん追究しないと気が済まない」

「家の中はものさしを当てたように全部きれいに整頓されていないと気が済まない」「片付けが苦手で、部屋が物であふれている」など……ＡＳＤやＡＤＨＤの薄い特徴に、誰しも心当たりを覚えるはずです。

考えてみればそれも当然で、世界70億人の顔が皆違うように、皆それぞれ脳のつくりも違います。目鼻口、同じ顔のパーツでも70億人全員がそれぞれ微妙に違うように、脳にも個人それぞれにこれは得意、これは不得意というエリアがあります。

脳の機能がどのエリアもきっちり標準ということはなく、誰しも、その機能に多少の差があるわけです。多少の差はあるけれども、社会生活に支障なく自分らしい生活ができていることもあるでしょうし、何らかの形で、不得意をカバーしながらうまく機能しているという場合もあるでしょう。

誰にでもある程度の脳の機能の強弱の違いがあります。障害とそうでないところに、明確な一本の線を引くことはできないのです。そのため、「発達障害」に対しては「健常」という言葉を使わず、「定型発達」という言葉を相対する概念として使っています。

「定型発達」とは、生後何か月にはだいたいこれができます、生後何年だとこういうことができるようになります、という「発達の一般的な基準を概ね満たして発達している」という意味です。この「発達障害」と「定型発達」を分ける一本の明確な線引きができないとすれば、どのようにその概念を理解すればいいでしょうか。

発達障害と定型発達の考え方で、大変分かりやすい図があります。定型発達の特徴には、たとえば乳幼児期に母親の声掛けに反応したり、目を合わせて笑ったり、指をさして自分の要求や感情を伝えたり共有しようとする、などがあります。学童期になれば友達関係が広がったり、指先の微細な動きや想像力をつかって遊んだりする幅も広がっていきます。

こうした定型発達の特徴群がありつつも、前述したように全部が完璧に定型通りであるということもありませんから、次ページの図のようにその特徴の割合は傾斜していきます。反比例して、乳幼児期に明確に診断される場合のような、発達障害の特徴を色濃く持つ場合から、次第に特徴が薄くなるにつれ、「発達障害」の割合が傾斜していきます。

二本の点線のうちの右の点線から右側が、定型発達の部分がありつつも「発達障害」の

図2 発達障害と定型発達

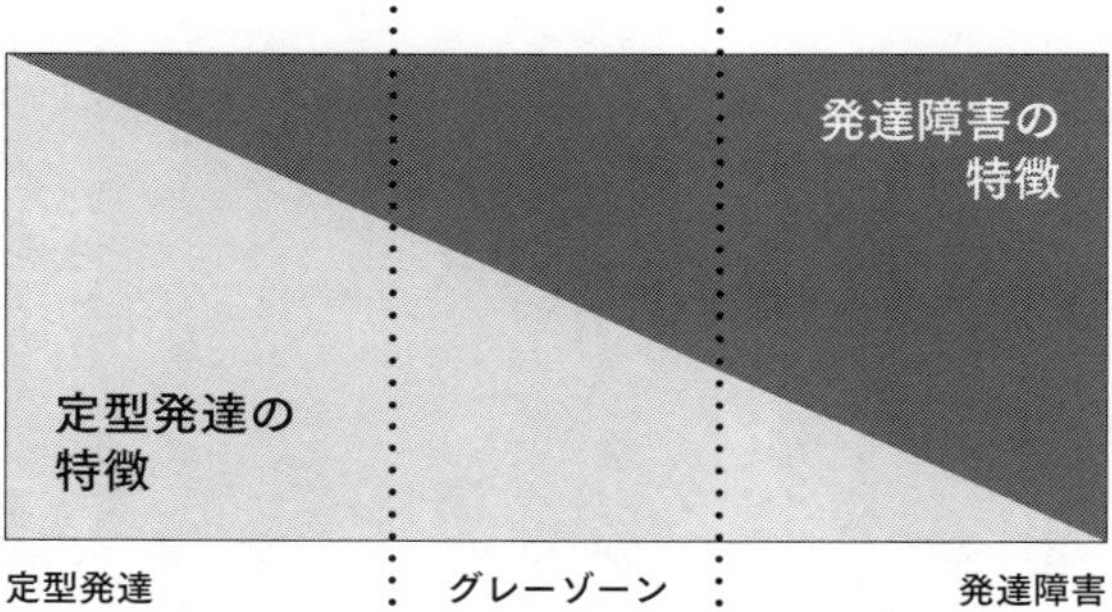

『大人の発達障害を診るということ』
(青木省三　医学書院)を一部修正

診断に相当すると考えられるゾーン。左側の点線から左側が、発達障害の特徴は多少ありつつも「定型発達」ととらえられるゾーン。そして、**二本の線の間が、白でも黒でもないグレーゾーンです。**

右側のゾーンでも特に右のほうであれば、乳幼児期や学童期などに診断されている可能性が高く、すでに支援を受けていると考えられます。しかし、**グレーゾーンの場合は、特に診断や支援を受けていないけれども障害特徴が見え隠れしつつ、本人も時に生きづらさを感じながらも、社会生活を送っていると推測されます。**

特に、このグレーゾーンの人たちの中には、学生時代までは、何とかやれてきたけれども、仕事に就いてから、業務や人間関係がうまくいかず、仕事が長続きしないなどの好ましくない状況が続いているという場合があります。本書でこれからお話しする内容は、特にこのグレーゾーンにいて職業生活に困難を感じている方々を対象としています。

もうひとつ「障害」についてお伝えしたいことがあります。

「障害」という言葉には、「その状態は固定的で変わらない」というイメージがあります。しかし、「発達障害」の基本的な特徴傾向は変わらなくとも、あるいは、「定型発達」とは異なる過程であっても、その人のペースでゆるやかに「発達」していく可能性がある、ということも忘れるべきではありません。

私たちの相談場面では「誰も教えてくれなかったから、分からなかったけれども、ここで初めて分かりました」という言葉を、ご本人からお聞きすることがよくあります。一般的には、わざわざ教えられなくても自然に身に着けていくスキルなのですが、それが難しくても、あえて言葉にして説明されることによって、できることを積み重ねていけることもあります。グレーゾーンの人の中には、このような経験を重ねることで、分からなかった世界が少しずつ理解でき、自尊心を取り戻しながらうまく生活できるようになる人もいます。

発達障害だからといって、全く何も変わらないとか、改善されないと決めつけるのではなく、**「翻訳」や「解説」のようなやりとりを丁寧に行うことで、発達障害の特徴を持つ人でも、ゆるやかに「発達」していける部分もある、と考えています。**

発達障害の人を理解する9つのカギ

発達障害の特徴を持つ人を語る時、往々にして「いかにヘンな行動をしたか」を並べることに終始されてしまうことがあります。職場であんなこともあった、こんなこともあった、と並べ立てるだけではその人を理解することはできないし、ましてやうまくいく方法を見つけることはできません。

特異な行動だけに目を奪われず、発達障害の特徴を持っているということはどういうことなのか、その心の世界を少しでも理解するために、ここではもう少し多角的な視点でお話ししたいと思います。

①安易に言動と診断名を結びつけない

前述の「発達障害」の概念図からも分かるように、ASD、ADHDそれぞれの特徴と言われる項目が一人の人に全部当てはまるわけではありません。ASDの特徴を持ちながらも、同時にADHDの特徴をあわせ持っていることもあります。

ですから、周囲の人たちがたまたま目についた特異な言動をひとつ取り上げて

「ASDなんじゃないか?」

「いや、こんなことあったからADHDじゃないか?」

「これはできるのだから、ただのわがままだろう」

というように、安易に診断名と結び付けようとしても、その人を適切に理解することはできないし、いちいち目につく特異な行動に翻弄されることになってしまいます。

そもそも脳は、医学的な分類に従って存在しているわけではありません。脳の機能の地図は一人ひとり違いますし、複雑極まりない機能ですから、医学的な分類をまたいで個々

の特徴をつくりあげていても不思議ではありません。そのあたりを鑑みているからこそ、診断基準ではカテゴリーが重なり合っていたり、スペクトラムという連続性でとらえるという考え方になっているのだと思います。

したがって、発達障害についてよく理解していない人が診断名からその人を把握しようとすると、かえって分かりにくくなってしまうのです。

もちろん、蓄積された膨大なデータをもとにした医学的な分類の枠組みが存在していること自体は重大な意義があります。しかし、「どのようにうまく生活するか」を考えるためには、現実の個人生活・職業生活の中で、**「何が起こっているのか」「どのような困ることが生じているのか」「困ることはどう工夫すれば解消できるのか」という視点が重要です。**

②環境によって特徴の現れ方が変わることを理解する

発達障害の理解のポイントのひとつは、同じ人であっても、環境によってその特徴が色濃く出る場合もあるし、それほど目立たず、問題とならないことがある、ということです。

学生生活と職業生活という環境の違いで考えてみましょう。学生の間は、覚えるべき学習の内容が明確で、それらを右から左にきっちり覚え、入試や定期試験をクリアできれば大きな問題になることは少ないでしょう。対人関係が苦手であれば、無理に友達をつくらなくともそれほど問題にはならないし、周りと感覚が違っていても、それなりのキャラクターで通ります。

しかし、こと仕事となると、学校のテストのように正解がひとつとは限りませんし、業務遂行のプロセスがあらかじめすべて決められているとは限りません。やり方の道筋は自分で試行錯誤しなければならないし、たいていの場合は複数の業務を優先順位をつけながら同時並行で進めなければなりません。人間関係は自分で選べない上に、利害関係が複雑で、遂行すべき役割があります。

そうなると、学生時代までは、特に大きな問題を感じておらず、むしろ学業面を中心として自信を持っていた人でも、社会人になるとまるで勝手が違う、うまくいかない、ということに直面するわけです。

学校と会社という環境の違いだけではありません。会社の文化や仕事の内容によっても左右されます。

たとえば、業務でやるべきことがおおむね明文化されているような会社で適応できていた人が、会社の慣例や暗黙のルールが色濃い会社に転職したとたん、適応できなくなることや、プレイヤーとしては精力的に業務をこなしていた人が、管理職になったとたん、スケジュール管理や部下のマネジメントができず、問題が勃発する場合もあります。

派遣社員としてきっちり仕事をこなしていた人が、正社員になって業務範囲が拡大したとたん、うまくいかなくなることもあります。

会社の文化や職務などの職場環境によって、発達障害の特徴が問題として顕在化する場合もある一方で、ほとんど問題とならなかったり、むしろ個性的な能力として珍重されたり、評価されることもあります。

その特徴が顕在化するか否かは、きわめて環境の影響が大きいと言えます。

③「代償的機能」が特徴を隠す

苦手なことをカバーするために、後天的に身に着けた機能を「代償的機能」と言います。発達障害の特徴によって、なかなかうまくできないことがあった場合に、それを補うために独自に編み出し、獲得した自分なりのスキルです。

子どもの発達障害は、こうした自分なりのスキルがまだ十分にできあがっていないため、発達障害の特徴が分かりやすく現れやすいのに対し、大人の場合は、それぞれの代償的機能が長い年月の間に構築されているため、一見、発達障害の特徴とは真逆のスキルや特徴に見えることもあります。

たとえば、本来は他者の気持ちを推し量ったり、場の空気を読んだりするのが苦手だけれども、過去に他者を怒らせてしまったり孤立してしまったりした経験から、常に「相手を怒らせているのではないか」「気を悪くさせているのではないか」と過剰に気を遣うようになってしまいます。

次第に本人自身は、「自分は他人の気持ちに非常に敏感で繊細、他者を人並み以上に気を遣う」と自認するようになり、他者の気持ちをくんだり、場の空気を読むのが苦手であるという自覚は希薄になることもあります。

特徴傾向そのものは変わっているわけではないので、他者の気持ちを適切に読むことや、理解することは苦手なままですが、他者がどう思っているのかに対して非常に敏感という心が形成されていきます。

そうすると、周囲からは、非常に繊細で敏感な側面と、全く鈍感だと感じる側面の両極端のように感じる面が見え隠れし、とても分かりにくい人、不思議な人に見えることもあります。自分自身でも、いったい自分はどういう人間なのか混乱することもあり、適切な自己理解にたどり着くのは簡単ではありません。

あるいは、相手の心情をくみながら言葉を選んで表現することが苦手で、物事をストレートに言いすぎてしまうため、たびたび対人関係が悪化するという失敗をしてきた人は、次第に自分が思ったことや考えたことを、言い控えるというやり方を身につけてしまうことがあります。はた目からはとてもおとなしい謙虚な人、あるいは、何を考えているか分からないという印象を与えてしまうこともあるし、自分自身では、自分の意志がない、他者の言いなりになってばかりいる、ということが自分の問題だと考えるようになってしまうこともあります。

このような代償的機能は、苦手なことを自分なりにカバーしようとして獲得したやり方ですから、**本来の特徴を抑えることや、代償的機能を動員することは、本人が自覚している以上に多大な労力を要し、ストレスがかかったりします。**

「過剰に適応」しようとして「適応できなくなる」というのも、こうしたことが影響していると考えられます。

特に職場では、代償的機能を駆使して苦手をカバーし、多大な時間や労力を費やし続けた結果、ついに疲弊してうつ病などのメンタルヘルス不調に陥ることもあります。

往々にして本人には、労力を多大に費やしている自覚はありませんから、なぜそれほど疲れてしまったのか分からない、疲れているとも思っていない、といったことも少なくありません。

大人の発達障害の場合、こうした代償的機能が前面に出ていて、本人の自己認識や行動様式に影響を与えていることも少なくないため、適切に自己理解することはとても重要なことだと言えます。

④頑張りの極端さ

定型発達の人が生活の中で自然に身についたスキルを使ってできることを、発達障害の特徴を持つ人は、一生懸命努力し、労力を費やして、何とかこなそうとします。

たとえば、定型発達の人にとっては何気ない気軽なおしゃべりの時間でも、発達障害の特徴を持つ人にとっては、必死になって文脈を追い、他者の言いたいことや気持ちを理解しようとして多大な労力を必要とする苦しい時間になります。

こうした「とにかく頑張ってできるようにする」というやり方は、対人関係だけでなく、勉強や仕事にも現れます。作業ペースが遅くても、時間をかければできることもあるため、他者よりとにかく時間をかけてやろうとします。

子どもの頃から「頑張ればできるのよ」「なぜ努力しないのか」などと言われ続けてきたり、「自分は怠けているからできないのだ」と思い込んでしまっているという心理が影響していることも考えられます。また、過集中傾向も影響して、「とにかく時間をかけて頑張る」というやり方を助長してしまっている場合もあります。

しかし、特に仕事をする上では、やらねばならないことにはキリがありませんから、次第に**頑張りが追いつかなくなって、自覚がないままに疲弊してしまうということになります。**

はた目には、ものすごく頑張っているかと思ったら、急に出勤できなくなってしまうなど、行動が読めないとか、不安定だと思われてしまうのです。

⑤うつ病などの二次障害の影響

大人になるにつれて出現しやすいのは、うつ病などの二次障害です。業務や人間関係がうまくいかないという体験が続けば、たとえ、うまくいかない原因が自分自身ではよく分からなかったとしても、「失敗した、怒られた、評価を下げた」というような結果としてのインパクトは受けることになります。

本人にとっては、一生懸命努力しているのになぜかうまくいかないという日々の積み重ねや人間関係の軋轢は、多大なストレスとなっていきます。また、前述のように、なんとかうまくやるために代償的機能もフル回転させるため、知らず知らずに疲労が蓄積してしまうのです。

また、発達障害の特徴がある人は外界の音や光などの刺激に敏感だったり、うまく情報を取捨選択して処理できない傾向がありますから、定型発達の人に比べ、はるかに脳を酷使しているとも言えます。そのため、本人自身も自覚がないまま疲労困ぱいの状態になり日中ぼーっとしたり、居眠りしてしまうことがあります。

さらに疲労が蓄積されれば、眠れない、食欲がない、何もやる気がしない、朝起きられない、仕事に行けない、などの状態に陥る危険もあります。

これらは、典型的な抑うつ症状ですが、特に、腹痛や頻尿が続く、頭痛が頻繁など、体だけの症状として自覚されたり、こだわりなどの特徴が強くなったりすることもあります。本人もつらいはずなのですが、「つらい」とか「落ち込んでいる」というような気持ちの認識は希薄で、周囲への怒りやイライラや他罰感情として、メンタルヘルス不調が表現されることも多々あります。

こうした症状が出現し、遅刻や欠勤などの勤怠問題として問題が顕在化するまでに至ると、上司や産業医から医療機関の受診を勧められて、医療機関を訪れることになります。

前面に出現しているのはうつ病などの症状となりますので、医療機関での治療は、うつ病などのメンタルヘルス不調に対してということになります。薬物療法が開始され、休職などの対処でストレスの原因と離れれば、症状は軽快します。しかし、職場復帰すると、再び同じパターンでダウンし、同じ轍を踏んで休復職を繰り返してしまうということになりかねません。

本人もなぜ「うつ病」がすっきり治らないのだろうと、次第に自信をなくし、治療者に不信感を抱いてしまう場合もあります。しかし、医療機関では、業務の進め方のこだわりや、コミュニケーションのとり方などの客観的な情報がなかなか得られないため、メンタルヘルス不調の背景にある発達障害の特徴傾向まで、なかなか把握できていないのが実情です。

ストレスの原因への根本的なアプローチを可能にするためには、診察場面において心身の症状だけでなく、職場や家庭での様子をできるだけお話ししていただくことも大事です。

また、もし本人の同意などが得られれば、職場の仕事ぶりや人間関係などに関する情報について、産業医などを通して、主治医に伝えられることも重要です。

診察時間は短時間にならざるを得ないことも多いので、もし十分に伝えられていないと感じるのであれば、カウンセラーによる個人カウンセリングや、リワークプログラムなども積極的に利用し、不調に陥った背景について、自分自身できちんと振り返る機会を持っていただきたいと思います。

⑥自分を認める気持ち（自己肯定感）が低い

これも、ぜひ知っていただきたい発達障害の特徴を持つ人の心の状態です。発達障害は生まれつきのものです。ですから、たとえこれまで診断や特別な支援を受けておらず、自分が発達障害の特徴があるという自覚がなかったとしても、子どもの頃から「自分はみんなと違うのかもしれない」という思いを持ち続けています。

もしかしたら、親や教師や友人たちから、さまざまな場面で「考え方がおかしい」とか、「やればできるはずなのに、努力が足りない」と、言われてきたことがあったのかもしれません。

常に感じる他者への違和感や、他者から受け入れられない、誤解されてしまう経験を繰り返すうちに、次第に「自分は他人とは違う」「他人には受け入れられない」「自分はダメな人間だ」「努力しない自分は怠け者なんだ」という大きな自己否定感を心の底に抱えるようになってしまいます。**そうした自己否定感は、他者に対する劣等感となり、それが過**

剰な防御態勢にもなってしまいます。

そこに、感情の自覚やコントロールが苦手という発達障害の特徴が相まって、ちょっとした他者からの注意や反対意見などに対して、キレるように怒鳴ったり、泣いたり、物を投げたりなど、過剰に反応してしまうこともあります。また、感情の爆発まで至らなくても、他者との関係に回避的になり、関係が長続きしないこともあります。

⑦親子関係からの影響

誰しも子供のころから親の影響を心に大きく受けているものです。乳幼児期に診断されるような顕著な発達障害ではない場合は、勉強や運動や友達関係において苦手なことがあっても、それが、発達の偏りからくるものだとは気づかれないため、「やればできるはず」と親が躍起になって厳しく接したり、逆に、困ることが生じないように、何でも先回りして世話をやき、過保護となってしまうこともあります。

もちろん、それが発達障害そのものの原因ではありませんし、親心からであると思いますが、本人にとっては、「自分は親にひどく厳しく育てられた」「自分は親に愛されなかった」「親に認めてもらえることはなかった」という思いを強く抱くことになってしまい、大人になっても心に大きな影響を及ぼしていることもあります。

職場でうまくいかないことも、**親子関係に起因する性格傾向であると自認しているため、発達障害の特徴傾向があるというとらえ方がなかなかできない場合もあります。**

⑧嫌な記憶を溜めやすい

人が健やかに生きていくためには「忘れる」という機能はとても重要です。

もしも毎日、すべての出来事を克明に記憶できるとしたら、そのストレスは、はかり知れません。たいていの場合、嫌なことがあっても、リアルな場面や感情は一晩眠ればおおむね薄れますし、1～2週間もすれば思い出すこともなくなるでしょう。

しかし、**発達障害の特徴を持つ人は、特に嫌な場面の記憶をリアルに覚えていて、時にそれがフラッシュバックするという体験をよくすることがあります。**

たとえば、学生の頃、友達に人前で恥をかかされたとか、教師にひどく叱られたというような誰でもありそうなことでも、強烈な記憶として蘇ることがあります。また、その相手を連想するような、顔や体格が似ている人を見て、感情がリアルに引き起こされてしまうということもあります。

昔の出来事だけでなく、たとえば昨日、同僚や上司に言われたひとことや、同僚が別の同僚に言っていた言葉、会議で皆に伝えられた言葉などごく近い過去における出来事や、自分に直接向けられた言葉ではないことであっても、その言葉や場面を反芻《はんすう》してしまうことがあります。

このようにちょっとした言葉や些細な出来事であっても、本人の中では、うまく処理できず、少しずつ積もっていき、周囲の人たちに対する不信感や猜疑心や嫌悪感が膨張してしまったり、萎縮した気持ちが高じたりしてしまう場合があるのです。

それは当然、人間関係に影響を与えます。また、ネガティブな感情を長期に引きずり、頻繁にそれらの場面を想起することによって、心身の疲弊が常態化し、メンタルヘルス不調の温床になってしまうこともあります。

⑨「これができたのだから、こっちもできるはず」ではない

職場で心証を大きく悪くする要因が、「できるのにやらない」「わざとやっている」「嘘をついている」と誤解されてしまうことです。通常の感覚だと「Aができる人なら、Bをできないわけがない」と思うことが、発達障害の特徴がある人には難しい場合があります。

たとえば、Aという仕事は問題なくやれているのだから、むしろもっと簡単なBの作業ができないわけがない。Bについて指示したけれども、いつまで経っても着手しないのは、本当はできるはずなのにやりたくないからだ、とか、仕事を選んでいるのだ、などと上司は思ってしまいます。

そういった上司の推測は、一般的には合理的ですが、**脳機能の発達のアンバランスがあると、業務内容や指示の出し方によって、理解できることや作業できることに、そうした推測とは異なる差が出てしまう**のです。人は、常に常識的で一般的な推測を前提にして思考するため、こうした誤解を生んでしまうのです。

第2章

発達障害の特徴を理解する

ではここからＡＳＤとＡＤＨＤにおいてよく見られる特徴をお伝えしていきます。それぞれの特徴について列挙しますが、一人に全部の項目が当てはまるとは限りませんし、ＡＳＤとＡＤＨＤの特徴傾向の両方の項目が部分的に当てはまると感じる人もいるでしょう。どういった特徴が一番その人に顕著なのか、あるいは、今の環境においてどういった特徴が問題に結び付きやすいのか、という観点でとらえてください。

ＡＳＤに見られる特徴

①人との関係が苦手

他者と相互的に関わることが苦手です。「相互的に関わる」とは、他者の気持ちや伝えたいことを言葉や行間や文脈、表情や身振りや雰囲気などを含めて総合的に理解する、自発的かつ適切に自分の気持ちや考えを伝える、他者と感情を共有する、親密さを体験し、それらを欲する、ということを意味します。

ＡＳＤの特徴を持つ人は、そもそも**他者への関心が希薄で、一人でいることを好み、そこに苦痛や孤独をあまり感じない傾向があります**。他者と積極的に関わろうとする人もいますが、相手の意図や気持ちを適切にくめないため一方的な関わりになってしまい、自己中心的であるとか尊大だと思われてしまう場合もあります。

また、感情の機微をうまくくめないために、マニュアルに書いてあるような型通りのやり方を押し通し、形式ばった関わりとなってしまい、相手に違和感を覚えさせてしまうこともあります。

人間関係は情報も感情も含めた相互的なものですから、有形無形にバランスの取れた「やりとり」が必要です。会話の中であれば、適切なあいづちや相手との発言量の均衡を著しく欠けば、適切な「やりとり」は成立しません。また、「やりとり」は、その場の会話場面などの一時点だけとは限りません。以前してもらったことや日頃お世話になっていることへのお返しというような「やりとり」もあります。

しかし、以前してもらったことや日頃してもらっていることなど、「以前」や「日頃」という時間軸と「今」とを想像力を媒体として連続性のあるものとしてつなげることが難しく、適切なやりとりができないために、礼を欠いているとか、非常識だと思われてしまうこともあります。

たとえば、業務が多忙な状況であるのを心配して、ある同僚が一緒に残業し、業務を手伝ってくれたとします。しかし、今日は同僚のほうが忙しく、逆の立場になったとしても、本人は悪びれもせずさっさと帰ってしまった、というような具合です。

このように、**人との「やりとり」が成立しにくいことで、友好的な関係を維持し、人間関係を発展させていくことが難しい傾向があります。**

②感情のコントロールが苦手

感情という直接的に目に見えにくいものを把握するのが苦手ですが、決して感情がない

というわけではありません。人間関係や職業生活の中で、自分では一生懸命やっているのにうまくいかないことばかりであれば、自覚がないまま、ネガティブな感情が漠然と鬱積してきます。

しかし怒りなのか、悲しいのか、悔しいのか、怖いのかなど、自分の中にあるさまざまな感情の区別が適切にできません。また、それぞれの感情の「程度」も把握することが苦手です。

適切に感情をとらえることができれば、感情をうまく処理していくこともできますが、それができないと、無自覚なまま漠然と鬱積した感情をマグマのように抱えることになり、些細なことをきっかけに感情が爆発してしまうこともあります。職場では、上司や同僚やお客様に対して怒鳴ってしまったり、突然泣いたりしてしまうこともあります。

自分の感情を適切にとらえることができないと、感情の表出もまた不適切になりますから、怒るべきところで怒っているように見えなかったり、非常に不機嫌であったりして、周囲に違和感や不可思議さ、不安定さを感じさせてしまいがちです。

こうした感情の扱いが苦手なことは、人間関係を悪化させ、社会的な信頼や評価を損ねることにもなってしまいます。

③想像することが苦手

今、目の前に起こっていないことや、新しいこと、経験したことのないこと、明確に教えてもらっていないことを想像することが苦手です。ですから、先を見通したり、見当をつけたり、ほかに応用して考えたり、試行錯誤することが困難になります。

逆に、想像力を必要としない、手順や方法が明確に決まっていることや、枠組み通りに行うこと、ルールに乗っ取って考えることはスムーズにできますので、そうしたやり方を好む傾向にあります。

つまり、こうした**ルールや前例というモノサシを使って思考するという特徴**があるということなのです。

このような特徴を持っていると、**決まっていた事柄や手順が急に変更になったりすると、大変狼狽してストレスに感じますし、決まったことが頻繁に変更される職場や曖昧な言い**

方をする人などに対して、ネガティブな感情を抱いてしまうことになります。

あるいは、建前や社交辞令のように言葉通りではないことに対しても、それまでの文脈やニュアンス、微妙な心理や状況を想像し、妥当な受け取り方をすることも苦手です。

そのため、言われたことをそのまま言葉通りにとらえ、場違いな発言や不適切な行動をしてしまうこともあります。また、他人の気持ちや立場を想像しながら相手に配慮した婉曲な言い回しができずに、思ったことをストレートに言ってしまい、他者との関係に軋轢が生じたりすることもあります。

④曖昧なこと、目に見えないものが苦手

③の想像することが苦手ということに密接に関係する特徴ですが、目に見えないものをとらえるのが苦手です。**目に見えないものとは、他者や自分の感情やその度合い、疲労感や困り感などの感覚、物事の文脈によるニュアンスや程度などです。**
的確に想像することが苦手であるために、明確に違いが見えないことや数値化できない

こと、曖昧で区別しにくいことなどを、「大体の感覚」で把握するということが困難です。物事にはその程度や度合いを「だいたいこれくらいかな」というように把握したり、調整する必要があることは多いものです。

たとえば「ここをきれいにしてください」と言われても、どの程度が「きれい」にあたるのかそのあんばいが分からず、疲れ果てるまで徹底的にやりすぎてしまうとか、「もし可能だったら、少しだけでいいのでやってください」というような依頼が、やればいいのか、やらなくていいのか分からない、どの程度やればいいのか分からない、と混乱してしまうのです。

たとえて言うなら、あんばいがわからないということは、0か100の目の粗いモノサシしか持っていないという感じです。目盛りが0か100なわけですから、やるとなったら100％までやってしまうか、逆に全くやらないという極端さにつながってしまうとも言えます。まあまあ、ちょうどよいあんばいで加減するということができないため、周りから見ると、やっているときには完璧主義にも見えますし、やらないときにはわがままにも見えてしまうわけです。

しかし、たとえ70や60に調節すべきだと指摘されたとしても、その目盛りの感覚がつかめないため、それがうまくできないのです。

曖昧な物事の把握が苦手ですから、連続性のある状態を区切って「キリ」をつけることもうまくできません。

「このあたりで、終わりにしておこうか」というような「切り上げる」ことも苦手ですし、他者に物事を説明する際に、連続性のある流れの中から説明に必要な部分だけを「切り出して」話す、というようなことも苦手です。いずれも、程度や状況を把握して線引きできないため、いつまでも作業をずるずると切り上げられなかったり、説明が冗長になったりしてしまうことになります。

さらに、目には見えるけれども、曖昧で微妙な違いを把握するのが苦手です。たとえば、目鼻口のパーツがあることは同じだけれども、みんな微妙に形や配置が違う「顔」を見分けることなどもそのひとつです。街中で会っても無視をするとか、挨拶もしないなどと誤解されてしまうこともあります。

⑤関心事が狭くて深い

自分の興味があることに対して、非常に熱心に打ち込みます。**特に狭い領域を掘り下げて知識や情報を得たり、物を収集したりするなど、長い時間をかけて没頭します。**

逆に、興味がないことは、全く関心を向けることができません。関心がないことに対しては、やらなければいけないと分かっていても、本人の自覚なくやる気が下がってしまいます。

関心が持てないことをやらなければならない場合は、外界の刺激に敏感で脳が疲労している状態にあると、さらに集中できず居眠りをしてしまうこともあります。深い関心事に対して没頭することが、大きな成果や評価につながることもありますが、家庭生活や職業生活の中で、自分自身の関心事を優先してしまい、人間関係や業務に支障をきたすおそれもあります。

⑥一点集中で物事に没頭する

⑤にも通じることですが、ひとつのことに没頭する傾向にあります。ひとつのことに集中して取り組もうとするため、作業にまとまった時間が必要だったり、それを阻害されるとストレスを感じてしまいます。

複数のことに頭を切り替えながら、同時並行に物事を進めることが苦手であるとも言い換えられます。一点集中で物事に没頭すると、それ以外の刺激が遮断されてしまい、名前を呼ばれても気がつかない、空腹や尿意や疲労にも気がつかない、といったこともあります。

また、どこまでやればいいという「程度の把握」が苦手という特徴や、行動の転換が苦手という特徴と相まって、没頭するとますますキリがつけられず、いつまでも時間をかけてしまうことがあります。後述するように睡眠にも影響を与えてしまいますが、寝しなに始めたことが止められず、つい夜更かししてしまうといったことも起こってきます。

⑦手順ややり方などへのこだわりが強い

手順ややり方、ルールなど、あらかじめ決まっていることや自分の中の決まりごとに従ってやらないと気が済まない、そのやり方を容易に変えられない、それに従って行動したいという欲求が強い傾向にあります。これが、「こだわり」と言われる特徴的な行動です。

周囲の状況によって柔軟にやり方を変えたり、他者と足並みを揃えたりすることができずに、自分のやり方を通そうとするため、協調性がない、融通が利かない、頑固やわがままな人と見られてしまうこともあります。やり方を変えなければうまくいかないとわかっていても、容易にそれを変えることができません。

こうしたこだわりが一点集中の傾向と相まって視野が狭くなっていくと、細部にこだわって全体を見ることができなくなり、「木を見て森を見ず」ならぬ「枝葉にこだわって木も見えずましてや森にも気づかず」ということになってしまうことがあります。「完璧主義」

と見られることも多くあります。

⑧感覚の敏感さ

光や音、感触や味覚や臭覚、天候や気温、などに敏感な場合があります。これを感覚過敏と呼びます。

窓からの太陽光や蛍光灯の明かり、パソコンの画面が眩しく感じられて、ブラインドを閉めたがったり、照明が明るすぎると訴える場合もあります。

また、甲高い声や大きな声や物音が耳に障るとか、職場の私語が耳につく、電車や空調などの機械音が気になって集中できないなどの聴覚の過敏さもあります。

人から触られることを嫌がったり、着るものや布団などの肌に触るものに敏感だったり、わずかな味の違いに敏感で偏食が目立ったり、においに敏感で他人の体臭や香水で具合が悪くなったりもします。

曇りや雨だと頭痛がひどいなど、天候や気温や湿度を敏感に感じ取って体調に影響してしまうこともあります。

常に頭痛やめまいや腹痛、吐き気などの体調不良を訴えたり、逆に、自分の体感に鈍感で、高熱が出るまで体調不良に気がつかなかったり、空腹感や尿意に気がつかなかったりもします。

⑨特異的な時間感覚

時間の感覚が特異的な場合があります。**時間の経過の感覚がつかみにくく、自覚以上に時間を費やしてしまっていることがあります。**ちょっと立ち話したつもりが、相手を辟易させてしまうほど冗長になって時間を使ってしまっているなどもあります。

④で話したように、言いたいことを要領よく文脈から切り出すことが苦手ですから、往々にして話が回りくどくなってしまいます。時間の感覚がつかめないことと相まって、物事に多くの時間を費やしてしまうのです。

また、約束の時間に間に合うように身支度をしなければならないような場合、一般的には到着時間から必要な時間を逆算して身支度を開始する必要があります。何らかの理由で想定より遅れれば、途中で身支度を意識的に急ぐという対応をとる必要も出てきます。

しかし、発達障害の特徴を持つ人は逆算をして身支度に費やせる時間感覚を持つことが難しく、また、途中で巻き返すために身支度の速度を変える、というような行動の転換がなかなかできないために、約束時間は分かっているのだけれども遅刻してしまうということが起こります。

また、身支度の途中で時計を見て、「あと30分あるから大丈夫」と認識すると、その感覚が残ってしまい、刻々と時間は過ぎていくにもかかわらず、いつまでも「あと30分ある」という認識になってしまうこともあります。

周囲からは、「いつも10分遅刻するのだから、ちょっとだけ急げばいいのに」と思われますが、無理して急ごうとすると、頭の中が混乱し、その後しばらくの間、落ち着かない精神状態になってしまいます。

アナログの時計を読むことができないという人もいます。12時00分とか1時30分というように、両方の針が数字ぴったりのところにきている場合は読むことができても、両方の針が微妙なところを指すと、何時何分なのか読むのが難しくなってしまいます。

デジタル時計であれば、現在の時刻は何時何分だということは把握できますが、自分の状況と、そのデジタル数字の感覚を統合しづらいために、前述のような特徴は変わらず、思いのほか時間を使ってしまったり、どうしても遅刻してしまうというようなことが起きます。

⑩睡眠リズム・生活リズムが乱れやすい

人間には体内時計がセットしてあり、約24時間を周期とした「概日リズム（サーカディアン・リズム）」と呼ばれています。**ＡＳＤ・ＡＤＨＤはともに体内時計が乱れやすく、概日リズムと社会的な活動を可能にする昼夜のサイクルがズレやすい**ことが多くの研究でも指摘されています。

体の自然なリズムに合わせていると、通常の時間と少しずつズレていって、夜更かしになったり、朝起きられなかったりして、社会生活に支障をきたしてしまうことがあります。

また、先に挙げたように、物事に「キリ」をつけて、上手に切り上げることが苦手であったり、物事に一点集中没頭してしまう傾向や、行動の転換が苦手というような特徴と相まって、寝しなに始めたことをいつまでも続け、夜更かししてしまうと、睡眠のサイクルが乱れやすくなってしまいます。

⑪ワーキングメモリ機能が低い

ＡＳＤ・ＡＤＨＤ両者ともに、ワーキングメモリ機能の低さが指摘されています。ワーキングメモリとは、頭の中に情報を一時的に保ちながら、同時に処理・作業する過程を言います。記憶の一時置き場のようなイメージです。この置き場が狭いため、**一時置き場の**

記憶を踏まえながら情報処理していくのが苦手です。

この機能はあらゆるところに影響します。たとえば、相手の話を聞く時は、今相手が話し続けていることを、一時置き場に置きながら、同時に情報を処理していくという作業が必要です。しかし、ひとつのセンテンスや全体の話が長くなればなるほど、一時置き場はすぐにいっぱいになってしまうので、言われていることが途中で分からなくなったり、忘れたりしてしまい、話の趣旨を的確につかむことができなくなってしまいます。

また、話を聞きながらメモを取ろうと思っても、聞いた言葉を一時的に頭に置きながら、話の趣旨やポイントを頭の中で整理し、不必要な情報を削除するというワーキングメモリがスムーズに機能しません。

そのため、全部をメモしようとしても話に追いつかなくなったり、一生懸命話の内容を理解して、ポイントを取捨選択しようと考えると話が頭に入ってこなかったりして、メモをうまく取ることができません。複数同時並行に作業することが苦手であるのも、このワーキングメモリの問題が影響している可能性があります。

ＡＤＨＤに見られる特徴

①不注意

必要なことへ注意を向けること、また、その注意を維持することが苦手です。他のことが気になり、手元のことがおろそかになったり、他者の話に注意を向け続けられなかったりします。向けるべきところへの注意が散漫になるので、**作業の細かなところでのケアレスミスや、約束を忘れる、時間に遅れる、頻繁に忘れ物や失くし物をする、**なども生じることになります。

あれこれに注意が散漫し、ひとつのことへの注意が続かないため、物事の遂行が完了しないこともあります。周囲が雑然としていたり、人の出入りが激しくて騒がしかったりすると、さらに注意が散漫になる危険があります。

②多動・衝動性が目立つ

不注意と並ぶＡＤＨＤの中核的な特徴と言われています。落ち着きがなく、じっとできず、離席や雑談が多くて集中力が続きません。子どもの場合は、じっとしていられないなどの体の動きの多動が目立ちますが、大人になると子どもほどには目立たなくなります。

しかし、**成長して多動が消失したのではなく、体の多動は目立たなくなっていても、頭の中の体多動は依然あります。**思いついたことをすぐ行動に移したり、あれこれ気が散ったり、よく考えずに思ったことをすぐ口に出してしまう、独り言が多くなる、などの形で現れます。

不注意と合わせて考えると、思いついたことはすぐに実行するけれども長続きしなかったり、途中で忘れてしまうため、無責任だと思われてしまうこともあります。

興味をそそられるような新しいことには抵抗なくチャレンジするところや、規制の枠にとらわれず、あれこれ発想するところが評価されることもありますが、形になるまで完遂できないリスクもあります。

業務の向き・不向き

ＡＳＤとＡＤＨＤの特徴のある人がそれぞれどのような業務に向いている・向いていないかを挙げてみます。

ＡＳＤの特徴がある人

●向いている業務

・手順ややり方、見通しが明確な業務
・一点集中して行える業務
・細かな点に気づけることが生かせる業務
・データや数字の正確性を求められる業務

・本人の興味や関心にのっとった業務
・成果物の良し悪しが客観的にはっきりしている業務
・反復的な地道な業務

●不向きな業務
・継続的・発展的な対人関係の構築が必要な業務
・電話対応など聴覚刺激を補う手段がない業務（視覚優位（151ページ参照）の場合）
・マルチタスク（複数並行処理）業務
・他企業や他部署、他者との調整が必要な業務
・作業環境や業務内容に変化が激しい業務
・新奇的な発想を必要とする業務
・締め切り厳守の業務

ADHDの特徴がある人

●向いている業務

・瞬発力のあるフットワークが必要な業務
・新しい発案や発想が歓迎される業務
・短期集中型の業務
・見通しの立ちやすい業務

●不向きな業務
・ケアレスミスが許されない業務
・時間厳守、締め切り厳守の業務
・マルチタスクが要求される業務
・機密情報を扱う業務
・地道なルーティンワークや反復的な単純作業
・集中力を持続しなければならない業務
・危険作業

第3章
職場で起こるさまざまな問題

第1章では、大人の発達障害を理解するために、発達障害に関する基本的な知識と発達障害を持つことによって多重的に受ける心への影響についてお話ししました。

第2章ではASDとADHDによく見られる特徴を挙げました。

第3章では、第2章で挙げた特徴を念頭に置いていただきながら、その特徴によって、職場ではどのような困った行動として現れるのかを見ていきたいと思います。

留意していただきたいのは、さまざまな困った行動は、いずれも第2章でお話しした発達障害の特徴を背景として起こるものだということです。職場での困った行動は、ただのわがままと誤解されがちですが、本人自身も自分を変えることができないために、ストレスを感じたり、苦しんだりしているのです。ぜひそれを頭にとどめておきながら、第3章を読み進めてください。

①上司との関係において起こること

職場の人間関係がうまくいかないことは、職業生活の中でも、最も大きなストレスです。

うつ病などのメンタルヘルス不調に陥る最も強力な引き金になることも少なくありません。

職場においては、上下関係、利害関係、競争関係がありつつも協力し合い、それぞれが業務を遂行し、成果を出していかなければなりません。**こうした複雑な関係性を理解し、適度な距離感を維持することだけでも、職場の人間関係はかなり難易度が高い**と言えます。

相手との関係性を鑑みながら言葉を選んで自分の考えや気持ちをうまく伝えることが苦手であるために、上司に対しても、時にストレートで攻撃的な物言いをしてしまい、反抗的であるとか無礼であると受け取られてしまうこともあります。

本人にとっては、上司から自分が納得できないやり方を押し付けられると感じ、時にパワーハラスメントであるという訴えにつながることもあります。

「自分が納得できないやり方を押し付ける」と感じるのは、曖昧さや臨機応変が苦手であり、ルールや自分の中で決めた手順に従って行動したいというこだわりがあるため、そうでないやり方を指示されると混乱し、非常に大きなストレスを感じてしまうからです。

たとえば、自分が業務を引き受ける理由や背景が説明されなかったり、決まった枠組みや手順を変更させられたり、決まったこと以外の指示が突然加えられるなどは、発達障害の特徴を持っている人にとって、全く受け入れ難いことです。

それはまるで、登ってきた山の中腹で、突然別の遠くの山を指さされ、やっぱりあちらの山に登れ、と言われるようなものなのです。その山はどこにあるのか、そこまでどうやって行けばいいのか、どう山頂を目指せばいいのか、すぐには皆目見当つけることができず、パニックになってしまいます。

上司としてみれば、指示の変更の必然性や状況の判断あってのことですが、本人はそれらを憶測することが難しいため、まるで上司が勝手で横暴な指示をしているかのように思えてしまうのです。

仕事の進め方については、上司から見たら細かいところにこだわって、いつまでも時間をかけ、その間は他のことに手をつけられないため、上司の指示通りに業務が進捗しません。本人は上司に反抗しているつもりはありませんが、上司としては、業務が滞って困るだけでなく、自分の指示を無視して反抗的だ、自分勝手に判断していると受け取られ、関係性の悪化につながってしまうことにもなりかねません。

本人としては、ことさら反抗しているつもりはなく、自分の中では至極当然のやり方で必要な作業をしているという意識がありますので、どうして自分のやり方が非難されるのか分かりません。


また、上司が業務の指示をする場合、口頭だけでの指示ではなかなか理解できない特徴があります。耳から入る情報を頭にとどめながら処理をするというワーキングメモリ機能がうまく働かず、情報がこぼれ落ちてしまうため、理解が見当違いだったり、いざ業務に着手したら方向性がズレていたりということが起こります。

上司から見ると指示を聞いていない、勝手に判断している、として感情を害したり、評価を悪くしてしまうことにもなります。どのように上司への報告・連絡・相談をしたらよいのかについては後述します。

②同僚との関係において起こること

同僚とは必要に応じて協力しあって業務を遂行することが求められます。そのために適宜情報を共有したり、方法を協議したり、役割を分担するなどをスムーズにするコミュニケーションが必要となります。

しかし、一点集中で没頭する傾向や、自分の作業だけでなく周囲にも注意をはらうことが苦手であり、どういう情報をどの時点で共有すべきなのかを把握するのが難しいため、しかるべきタイミングに情報共有することができません。本人に他意はないにもかかわらず、周囲からはたびたびヒンシュクを買い、次第に孤立してしまうことにもなります。

不注意や多動・衝動性の特徴がある場合には、あれこれと注意が移りやすく、新しいことや興味のあることにすぐに飛びつくけれども、なかなか最後まで責任をもって業務を貫徹できないことがあります。進めていた仕事が途中で止まっているまま新しいことに着手したり、自分の分担を忘れてしまうなど、周囲が振り回されてしまうことがあり、チームワークが成立しにくいこともあります。

同じ職場の同僚たちとの間は、業務だけでなくランチや飲み会などプライベートな領域に近い場面もあり得ますが、本人にとっては業務場面以上に苦痛を感じることがあります。**どのような距離感で何を話していいか分からないとか、皆がテンポよく話している中に入っていけないとか、皆が盛り上がって話しているところに自分が口を開くと空気が変わってしまうが理由が分からない**などの悩みがよく語られます。

③業務の進め方において起こること

ルールや型にのっとって思考する特徴傾向があるので、**業務に対しても「こうあるべき」という理想形に当てはめて考えがちです。**また、現実的な状況を鑑みて見通しを想像することが苦手であるため、**業務の出来上がりイメージが、往々にして非常に労力を要するよ**

うな理想的で壮大なものになってしまうことがあります。

その一方で、初めから細部にこだわって作業するため、なかなか業務が進まず、理想的に設定した業務を完了するためには、多大な時間と労力が必要となってしまいます。目指しているのは理想的なゴールなのに進み方は遅々としているため、結局、納期に間に合わないとか、他の業務が全く手につかないということが頻発します。しかし、本人としては、あるべき姿を目指していることが正しいという考えがあるため、進捗や納期などについて追及されることに、大変な反発を示すことがあります。

一点集中傾向が強い人ですと、バランスよく複数の業務を同時進行でこなしていくことが苦手です。ひとつの業務に没頭するためには、邪魔されないまとまった時間を必要としますので、電話や来客、他の従業員から声をかけられることが頻繁だったりするような没頭が中断される環境に多大なストレスを感じてしまいます。

没頭している業務があると、なかなか別の業務に手がつけられませんし、行動の転換が苦手ということや、「ここまでやりたい」とか「ちゃんと納得してから次の作業に移りたい」

などの**自分の中のルールやこだわりから、ひとつの作業が終わるまで次の業務に移ることができない**ため、結果的に複数の業務が「後でやろう」と「先延ばし」になってしまうことがあります。「先延ばし傾向」などとも言われます。

　また、発達障害の特徴がある人は、想像することが苦手なので、**業務においても直感的に先を見通したり、全体像を把握したりすることがうまくできません。そのため、先の工程や全体像と照らし合わせながら、目の前の業務の注力を加減することができず、不要な細かいところまでやってしまうのです。**

　それが自分の中のやり方としていったん定着すると、たとえそれが非効率だと分かっても、なかなかそのやり方を変えることができません。

　細かいところにとらわれると、当然作業の進捗は遅くなりますし、細かいところまであれこれ確認するために周囲を辟易させてしまうこともあります。

　さらに、曖昧な状況や状態を適切に把握することが苦手ですので、業務の進め方においては、たとえば「とりあえず先方にラフな案を投げておく」とか「ブレーンストーミングしてみる」などの曖昧な形で考えをまとめることができません。

自分が納得する明確な形になるまで業務を止めてしまったり、自分だけで抱えこんだりしてしまうため、業務が滞ることもあります。

いずれにしても、結果的には業務の進行が遅くなりますので、総じて「仕事が遅い」と評価されてしまう傾向にあります。

適宜上司や同僚とコミュニケーションをとることが苦手なので、作業の方向性がズレたまま細部まで進めてしまい、作業の終盤でそれが判明することもあります。本人にとってみれば、一生懸命注力したことがすべて無駄にされてしまうため、徒労感を覚えるとともに、上司らにネガティブな感情を抱いてしまう要因にもなります。これは、適切に報告・連絡・相談ができず、上司や同僚とベクトル合わせができないために起こってくることでもあります（④参照）。


衝動性や多動性があり、注意が分散しやすい特徴を持つ人の場合は、複数あれこれ手をつけるけれども、どれも中途半端になってしまったり、やらねばならないことが複数あるのは分かっているけれどもどれも気になって混乱してしまい、結局何も手を付けられないということもあります。いずれも業務遂行がうまく進まない原因になることがあります。

また、曖昧なものの、目に見えないものの程度を把握するのが苦手です。そのアンチテーゼとして、はっきりと決まっているもの、ルールや規範や枠組みや型として物事をとらえようとすることも前述の通りです。この特徴は、業務のさまざまなところに影響します。

たとえば、マニュアルが整備されていて、おおむね手順が決まっているような場合、そのやり方をきちんと頭の引き出しに整理し、それにのっとって業務を遂行することはできます。しかし、例外的な出来事があったり、状況が想定外になると、臨機応変に考えることが難しくなります。本人のやり方としては、そのような例外的な出来事も「新しい型」としてマニュアルに追加するように頭にインプットしようとして、「型」を増やします。

応用的な考え方ができれば、頭の引き出しにしまう「型」は少なくて済みますが、それができないと、**起こった出来事のすべてを「型」にして頭の引き出しにしまわなくてはならなくなります。**

勤務が長くなればなるほど、引き出しの数はどんどん増えていくことになります。次第に膨大になった引き出し操作で精一杯になり、ストレスを感じるようになってしまうこともあります。

頭の中の引き出しをひとつひとつ開けながら作業をしなければならないので、総じて作業スピードが遅かったり、ひとつの業務が終わらないと次の仕事に移ることができなかったりします。

周囲からは「丁寧な仕事ぶり」と評価されることもある一方で、「融通が利かない」「仕事が遅い」と思われることもあります。

また、周囲から本人は至って落ち着いて仕事をしているように感じられても、本人自身は「精一杯でこれ以上できない」という気持ちが次第に高じて辛くなり、突然辞意を表明するに至ってしまうこともあります。「リセット癖」などと言われることもあります。「型」として理解するという仕事のやり方は自分に合っている一方で、「型」が膨大になることによるストレスを生じる可能性があるのです。

④報告・連絡・相談などのリレーションにおいて起こること

業務の進捗状況を鑑みながら、しかるべきタイミングで上司や顧客に報告、連絡、相談することが苦手です。

遠慮して言えないとか、言い方が分からないというよりは、連続性のある業務状況の中で**「どの事柄」を「どの段階」で「どの程度」報告・連絡・相談することが妥当なのか判断することが難しい**のです。物事の程度や度合い、段階を把握するのが苦手であるという特徴が影響していると思われます。

昨今の業務は、手順がすべて決められていてその通りにやればよいという、いわゆるマニュアル通りの業務は非常に少なくなっています。個々人が情報を集めながら試行錯誤したり、応用的に考えたり、新奇的な発想で進めなければなりません。

多くの業務は「分からないこと」と「自分なりの判断」を繰り返しながら進むなかで「い

つ」「何を」「どのように」「誰に」報告・連絡・相談するのかを判断することは、難易度の高いコミュニケーションと言えるでしょう。
しかし、これら無しでは業務遂行はできませんから、発達障害の特徴がある人にとっては、報告・連絡・相談は大きな悩みの種になります。

ある時は上司に「これくらい自分で考えろ」と言われますし、ある時は「なぜ、もっと早く報告しないのか」と言われます。本人にとってみれば、上司は「自分でやれと言ったり、早く報告しろと言ったり、言うことが一貫していなくて横暴だ」と感じ、次第に上司との関係が悪くなってしまったり、パワハラだと思ったりしてしまうこともあります。

また、衝動性の特徴がある場合には、業務上で何か分からないことが生じると、その状態を抱えていることができずに、あちこち、いろいろな人に訊いて回り、周囲をかき乱してしまうようなことがあります。本人に他意はありませんが、それぞれ返答した人の感情を損ねてしまったり、自分自身もそれぞれの見解に混乱してしまうこともあります。

⑤労働時間において起こること

ルールなどではっきり決まっていない物事を把握し、状況に応じて程度を調整するのが苦手であることは前述しました。

工場のラインのように、今日やるべきことの手順や時間が明確に決まっているような仕事の場合は、注力の度合いを調整したり、作業の「キリ」を自分で測る必要がないので、労働時間が想定以上に長くなるということはありません。しかし、自分で作業工程を決めながら進める場合は、作業に没頭する傾向や、行動の転換が苦手ということや、程度を調整しながら状況を総合的に判断することが苦手という特徴から、「今日はここまで」という**「キリ」をつけることがうまくできず、慢性的に長時間労働になってしまうことがあります。**

③でお話ししたように作業そのものが遅くなってしまう傾向もあって、どうしても労働

時間が長くなってしまいます。

しかし状況を見ながら「急ぐ」という行動の転換がうまくできないので、周囲から急かされると混乱してパニックになることもあります。

こうした特徴から、通常でも労働時間は長くなりがちです。二次的なうつ病などで休職してから職場復帰した場合は、残業制限などの措置が取られていたとしても、もともとの本人の作業の進め方ではどうしても遅くなってしまうため、残業制限を守れない事態になることもあります。

⑥会議場面で起こること

前述したワーキングメモリ機能の低さなどによって、**会話の流れについていけず、場違いや的外れな発言をしてしまう**ことがあります。

また、**相手の立場や気持ちを想像しながらうまく言葉を選ぶことができませんので、思**

ったことをそのままストレートに口にして、相手を不快にさせたり、場の雰囲気を悪くしてしまうこともあります。

会議の中で議論が一転二転する経緯を経て落ち着いた結論などは、文脈を踏まえた理解が難しいために、結論のとらえ方が他と異なっており、会議を紛糾させてしまうこともあります。

会議の流れで到着点が見えて、皆が合意に達したような場合も、一人だけそれを把握できずに、再び議論を蒸し返してしまい、気まずい雰囲気にさせてしまうことなどがあります。また、ブレーンストーミングのような結論を決めないまま進行するような会議は理解しにくく、話の共有が難しい場合もあります。

不注意、多動・衝動性の傾向がある人は、集中力を継続し、落ち着いて要点を聞き取ることができないため、細部を聞き漏らしたり、結論を勘違いしたりすることがあります。

また、長い時間じっと座って、他者の話すことに集中していることが非常に苦痛ですから、会議の場で頻繁に離席したり、イライラして「結論を早く言え」と迫ったり、他者の言葉を遮って話してしまったりすることがあります。

会議の内容に興味や関心を持つことができなかったり、会話の流れについていけない場合は、本人は会議に参加しようという意識はあっても、覚醒水準が落ちて居眠りしてしまったりすることもあり、周囲からはやる気がないとか非常識だと思われてしまうことがあります。

⑦出張において起こること

注意があちこちに向いたり、じっとしているのが苦痛だったりするADHDの特徴傾向を持つ場合は、**フットワーク軽く出張することに苦痛を感じず、むしろやりがいを持ってできる**こともあります。

しかし、不注意傾向が強いと、出張先に書類を持参し忘れたり、客先や滞在先に置き忘れてきてしまうといったこともあります。機密情報が詰まったパソコンをスーツケースごと忘れてしまうということもありますので、リスク管理の観点からも注意が必要となります。

逆に、**環境の変化が苦手で、感覚が過敏という特徴の人にとっては、「いつもの場所で」「いつものように」自分の時間を過ごすという時間が確保できないことは、多大なストレスになります。**旅先では、いつも食べているものと違ったり、ベッドや寝具が変わるなど、あらゆる環境が変化しますので、自覚以上にストレスがかかります。

業務上でも、臨機応変が苦手ですから、出張の目的が想定通りに運ばないなどの状況になると大きなストレスになります。そのため、**出張前にあれこれ「想定問答」をして事前準備に多大な労力を割いてしまう**など、出張という業務が周囲の想像以上に多大な負担になっている場合もあります。

⑧接客において起こること

人間関係が苦手であることは、ＡＳＤの中核的特徴のひとつですので、**コミュニケーションを重視した接客は向いていないと考えられます。**

お客様の意向を的確に把握できなかったり、気がつかないまま相手に失礼な言動をして怒らせてしまう、といったこともあります。

物事の程度の把握が難しいという特徴傾向のために、お客様のニーズにどこまで応えたらよいか分からずに、やらなさすぎたり、逆にやりすぎてしまうということもあります。しかし、やりすぎてしまう場合に、要望にできるだけ応えようとする好ましい態度としてお客様から高く評価されることもあります。

担当制のような継続的に関わる接客は、構築的な人間関係が必要になるため、苦手である場合があります。また、不特定多数への接客は、展開の予測が立ちにくいためストレスになる可能性があります。臨機応変あるいは応用的対応が求められると難しいこともありますが、自分と客との距離感が一定で、接客内容がマニュアル化されているならば、うまく対応できることがあります。

臨機応変にできない分、イレギュラーなこともマニュアル化しようとするため、マニュアルが膨大となり、次第にそれがストレスとなってしまうこともあります。

⑨社会人マナーやエチケットにおいて起こること

新人研修の際には、名刺の渡し方や電話対応などはおおむね教えてもらう機会があるでしょう。しかし、実際の職業生活は、さらに細々したマナーや暗黙のルールやエチケットがあります。

たとえば、デスクであくびをしたり頰杖を突いたりしたら、だらしないとかやる気がないと思われるでしょうし、残業している人がいる際の退社時の声掛けや、社内外の人への言葉遣いや立ち居振る舞い、服装などにも配慮が必要です。女性ですと、適度なお化粧なども当たり前に求められることがあります。服装や髪形やお化粧は、ひどく不潔であるとか場に不相応というわけではなくても、年齢に合っているとか、古臭い感じがしないなどの微妙な感知も必要です。

本人としては**単なる生理現象であるだけの頬杖やあくびなどが他者にとってはネガティブなメッセージになってしまうということが分かりません。そのため誤解されてしまうことになります。**

また、たとえば社外に出て営業するとか、謝罪に行くとか、接待をするなどの目的によっても服装や振る舞いは変わりますから、こうしたマナーは非常に難易度の高い行為と言えます。そうした感覚がうまくつかめず、その場にそぐわない身なりや振る舞いで、周囲に違和感を覚えさせてしまうということもあります。

あるいはまた、たとえば、結婚や出産の報告など、義務ではないけれども一言周囲に伝えておくべきことや、上司などにご挨拶しておくべきことなどの、常識と思われている社会的マナーがうまくできずに、なんとなく周囲から孤立してしまうこともあります。

第4章

事例から学ぶ
上司はどう対応したらよいのか

これまで読んでいただいた発達障害の特徴と、それが職場ではどのように現れるのかを念頭においていただきながら、この章では具体的な事例を用いて解説していきたいと思います。

事例は、ひとつの項目に困ったエピソードをひとつ挙げますが、実際の職場では、一人の人のさまざまな場面で、複数の「困ったこと」が生じていることのほうが多いと思います。したがって、それぞれの項目を組み合わせながら、対応の方法を検討してください。

また、本書は発達障害の特徴がある部下を持つ上司に役立つように書かれていますが、本章においては発達障害の特徴を持つ本人がお読みになることも考慮し、本人がどうしたらよいのかというアドバイスも記しました。ぜひ本章の内容を活用していただければと思います。

①取引先への失礼な態度を繰り返す

Aさんは、新人研修後から営業部に配属されて半年が過ぎました。一通りの事務作業の教育を数か月受けたあと、先輩たちと取引先に同行することとなりました。

しかし、取引先の担当者へろくに挨拶もせず、打ち合わせ中にスマホを見たり、皆が荷物を運んでいても突っ立って見ているようなことがあります。その都度先輩が注意しますが、その場では「すみません」と言うものの、深く反省している様子もなく、再び取引先に失礼な態度や言動がみられます。

先日は、取引先の部長の言葉を遮って、関連商品についての個人的な考えを一方的に話し始めてしまいました。最近は、先輩たちからAさんと一緒に営業に行くのが嫌だという不満が出ています。

【なぜこうなるのか】

新卒で入社したばかりで、社会人としての自覚や常識が不十分であるのは言うまでもありません。しかし、それだけでなく、あらかじめ計画にないことや明確に指示されていないことに対してその場の状況を読み、自分が期待されることを推測することが難しいために、不適切な言動をとってしまうと考えられます。

恐らく本人は挨拶も「普段通り」にしているつもりで、他意はないのでしょう。相手との関係性や自分の立場を考慮して挨拶の仕方を変える、というような「想像力」や「物事の程度の調節」が苦手なので、お客様にする挨拶も、上司にする挨拶も、同僚にする挨拶も「同じ」ととらえているのでしょう。

一般的に、人は「行動そのもの」だけでなく、その行動の裏にある「考えや気持ち」を読み取ろうとするものです。ですから、打ち合わせ中にスマホを見たり荷物運びを手伝わないAさんの様子に、「反発してやれ」とか「仕事にやる気がない」という気持ちや考えがあるのではないかと周囲は思うのです。

それはごく一般的な思考の脈絡なのですが、本人には全くそういう思考はありません。だからこそ、それほどひどいことをしたという意識がないため、叱られてもピンときていないのかもしれません。

相手が怒っているとか困っているという感情を読み取ることが苦手で、加えて自分自身の感情を把握してそれにあった感情表出をすることも苦手なので、たとえ本人に反省する気持ちがあったとしても、それをうまく表現できず、相手にとってはまるで反省していない態度というように感じさせてしまうこともあります。

[本人はどうしたらよいのか]

本人としては「何がいけないの？」「挨拶はしているよ」「言ってくれればちゃんと手伝うよ」「上司や先輩は必要以上に自分をやり玉に挙げているのではないか？」と感じてしまうかもしれません。

しかし、自分が知らなかったり、自分だったら感じないような社会人としての暗黙のルールやあたりまえのマナーがあるために、知らず知らずのうちに相手を不快にさせてしまい、非常識と思われてしまう危険性があります。いたずらに萎縮したり自信をなくしたりするのではなく、ひとつひとつ職場で取るべき具体的な行動を覚え、そこに共通するパターンや考え方を身につけていく必要があります。

一番避けたいのは、注意してくれる上司や先輩を敵視してしまうことです。敵視して上司や先輩を避けてしまうのではなく「自分はそういうことを理解するのが苦手で申し訳ありません。こういう時にどうすればいいのか教えてください」と真摯に具体的な行動を教えてもらおうとするほうが、益があります。

[上司はどうしたらよいのか]

「もっと場の状況を読め」とか「相手に失礼のないようにしろ」という言い方で注意しても、なかなか功を奏しません。場の状況を推し量ることや、失礼のないこととは具体的にどういうことなのか、相手の立場に立って想像することが難しいからです。

できるだけ「やってはいけないひとつの型」として教えていく方法が基本となります。「取引先にはこのように挨拶しなさい」と具体的にやってみせることや、「打ち合わせや会議中にはスマホは一切取り出さないでください」「先輩が荷物を運んだ時には必ず自分も手伝ってください」など、何をどうすればいいのか、何をしてはいけないのかを明確に示します。

その時に心掛けたいのは、やり方を具体的に示すのに加えて「会議や打ち合わせ中は、皆で議題について集中して考えようという場だから、途中で私用のスマホを見ることは、議題について真剣に考えていないように見られてしまいます。それは会議をしている他の人に失礼に当たります。ですから、会議中はスマホや携帯を見たり応答したりしないでください。もし何かの理由で出なければならない場合は、一言、断ってから短時間で終わってください」など、理由を解説できるとなおよいと思います。

「行動を命令されるだけであれば、本人にとってはその理由が分からず納得しないまま「上司のやり方を押し付けられる」と感じ、それが次第に人間関係の軋轢《あつれき》に発展してしまうこともあるからです。また、理由が解説されれば、それをもとにして、応用的に考えられる人もいます。

②毎日のように遅刻してくる

Bさん30歳は、入社以来毎日のように遅刻してきます。10～20分程度ではありますが、上司がいくら注意しても直りません。注意されると、「分かりました、努力します」と言いますが、翌日はまた同じ状況です。

[なぜこうなるのか]

朝の身支度は発達障害の特徴を持っている人にとっては、一日の大きな課題です。起床して布団から出るという行動の転換がなかなかできないこともありますし、時刻を確認し、時間感覚を保ちながら自分の行動を調整していくということが苦手でもあります。

また、毎朝の洋服選びなどの身支度も大きなストレスになることがあります。女性であればお化粧したり、髪をセットするなどはなおさら難儀です。

一人暮らしであれば、あるパターンを確立しやすいのですが、家庭に小さな子どもがいたりすると、毎日状況が違うことも多く、一定のパターンやペースを守れません。

朝の身支度の間は、あれこれと複数の作業が慌ただしいため、そのことだけで頭がいっぱいです。頭がいっぱいのところに、不用意に声をかけられたり、予期しない状況が発生したりすると、パニックになってしまうこともあります。無理に急ごうとすると、その後ずっと落ち着かない気持ちを引きずってしまうこともあります。

また、通勤途中の街中はたくさんの人や情報刺激にあふれていますので、感覚が敏感な人にとっては歩くだけでも非常につらく、疲れてしまいます。バスや電車の通勤ラッシュや人混みが耐えられずに、電車をやり過ごしてしまったりして、到着するまでに時間がかかってしまい、遅刻につながるのです。

［本人はどうしたらよいのか］

時間に追われる朝の身支度はとてもストレスフルだと思いますので、できるだけスムーズに行動できる仕組みを考える必要があります。目覚ましは当然ですが、電子音だけでなく好きな音楽やテレビがつくように工夫したり、起きやすい適度な室温になるよう暖房をタイマーセットしておいたりするのも一案です。

ぎりぎりの時間ではなく余裕をもった時間設定にすることが望ましく、そのため、就寝時間や睡眠状況についても適切かどうか見直すとよいでしょう。睡眠が乱れている場合などは、医療機関に相談することも必要です。

また、スムーズな行動の切り替えができるよう、あらかじめ簡単な食事をテーブルにセットしておき、布団から出た次の行動を決めておくなどの工夫もできます。

服装選びは、あらかじめユニフォーム化できるよう、色違いのシャツなど、1週間のセットを作ってクローゼットに準備しておく方法もあります。できるだけ機械的に動けるようなパターンをつくることが大切です。

化粧はアイブロウ（眉毛）と口紅だけでも、ナチュラルメイク感がでますので、負担にならないようなパターンを覚えましょう。

通勤の際の人混みを避けるための時間帯やルートを検討し、時間をずらしたい場合は、きちんと上司に相談するようにしましょう。

［上司はどうしたらよいのか］

発達障害の特徴を持つ人にとって、朝の身支度は想像以上にストレスのかかる時間であるのは確かです。しかし、だからといって勤怠の乱れを放置していては、職場全体の士気低下にもつながりかねません。

本人への指導の仕方ですが、本人の現状認識と実情にズレがある可能性もありますので、タイムレコードを見せながら、勤怠状況を本人ときちんと共有しつつ、たとえ5分であっても遅刻はいけないことであると伝えましょう。遅刻3回で半日欠勤と同じ扱いにするなどのルールが職場にあるなら、それを改めて説明してください。もしも、眠れない、睡眠のリズムが乱れているなどの問題がある場合は、医療機関に相談するように促すことが必要です。

面談をする際には、落ち着いた場所と時間を確保し、周囲を気にすることなく生活状況を話せる環境下で話を聴くほうがよいでしょう。また、最初の面談のあと、次の面談の約束日時を明確にしておくことをお勧めします。一度は面談して注意はしたけれども、その後改善がみられないままズルズル…という状況に陥ると、結果的に「放置」という状況になる危険があります。必ず次の面談を約束しておき、結果を追えるようにします。

また、たとえばフレックス制度が使えて改善できる場合は、それを利用する方法もあります。ただし、「出勤できた時が出勤時間」になると、生活リズムが崩れてしまう危険もありますので、フレックスだったとしても基本的な出勤・退勤の時間を決めておくほうがよいと思います。

通勤ラッシュがどうしても苦手だったり、時間に間に合おうと自助努力することがパニックを招き、かえって出勤を妨げるようなことが生じる場合は、主治医などにも相談するよう伝え、ラッシュを避けた時間の出勤を認めるなどの対応を検討する必要があります。

③たびたび約束を忘れてしまう

Cさんは、顧客や取引先に「連絡します」と約束していながら、電話やメールで連絡することがすっかり抜け落ちてしまい、クレームがあって初めて気がつくことがたびたびあります。上司からも何度も注意されますが、なかなか改善されません。

［なぜこうなるのか］

複数の業務を同時進行していたり、目下集中して作業していたりするところに、新たな予定が入ると、それがすっかり記憶から抜けてしまっていることがあります。

一度頭にきちんとインプットされていれば、致命的なリミットが来る前にハッと思い出すような経験は誰でもあります。

しかし、発達障害の特徴のある人は、目の前の業務に没頭しているため、一時的に思考の転換をして新たな予定を頭にきちんとインプットすることができません。そもそも頭の中に新しい情報としてインプットされていないため、自らハッと思い出すことすら難しく、相手からクレームがあって初めて「そんなことを言われた気がする」と思い出すような具合です。

約束を忘れてしまうという行為は、仕事上では信頼関係に致命的な打撃を与えます。本人も改善したいと思いつつ、発生件数をゼロにすることはなかなか難しい問題です。

中には、パソコンやスマホのアラート機能や付箋メモを利用して約束を忘れる確率が減ったという人もいますが、そもそも、人によっては、忘れないうちに手を止めてメモするということそのものが難しい人もいますし、メモしたことを忘れていたり、メモを失くしたりしてしまうということもありますので、それぞれ自分に合った方法を工夫する必要があります。

特に、予定の変更や頻繁に突発案件があるような業務や、来客や電話対応などにより手元の業務を一時的に中断させられることが多い業務、所要時間の目途がたちにくい業務などを担っているような場合は、常に情報が整理されないまま頭の中に散乱しがちです。

その中で急に新しい予定が割り込むことは、たとえるなら、洗濯物や食器や雑誌が散らかっている部屋の中に、新たに紙一枚が投げ入れられるようなものです。物が雑多に散乱している中に小さな紙が落ちてもなかなか気がつくことはできません。

ですから、できるだけ頭の中の部屋を整頓しておくことと、いかに新たな情報をうまく頭の中に位置づけられるかがカギとなります。

【本人はどうしたらよいのか】

約束を守れないというのは、組織に多大な損失をもたらしかねませんし、自分自身の評価にも関わる重要な課題です。

メモ帳やアラームなどを利用してみても難しい場合は、前述の解説のたとえにあるように、できるだけ「紙一枚」を見つけやすい工夫をします。部屋にいろいろなものが散乱していると見つけるのが難しくなってしまいますから、頭の部屋を整理しておくことが大事です。

具体的には、終業時や昼食後など定期的に、自分の行動やあった出来事を時系列に沿ってレビュー（振り返り）することが助けになることがあります。

朝から時間を追って今日あったことを順番に頭の中で追跡し、必要情報を頭の中に置きなおすイメージです。パソコン上などで、時間軸に従って書き出していくとやりやすいでしょう。日報として書いても構いません。

決めた時間に、気持ちを落ち着けて頭の中の部屋を片付けることで、要らない情報と要る情報の取捨選択ができ、ごちゃごちゃの部屋で過ごしているようなストレスも軽減されます。電話や声掛けなどの邪魔の入らない静かな環境であれば、やりやすいと思います。

こうした振り返り作業をした上で、メールや電話の返信、打合せ日時などの細かな約束事は、必ず目に入る場所に付箋を貼ったり、約束帳のような専用のメモ帳に書き留めたりすると、効果的なこともあります。

［上司はどうしたらよいのか］

厳しく注意したくなる気持ちは分かりますが、感情的な叱責は、散らかった部屋に突風が吹き荒れるようなものです。さらに物が散乱して整理するのが難しくなります。

本人が頭の中の部屋を整理しやすくするために、日報をつけさせるとか一日の終わりに約束事項を全部報告させるなど、本人が改めて一日を振り返りながら頭の中を追跡し、情報をインプットしなおせるような機会を設定することが有効になることがあります。

もし上司も把握しているような約束事であれば、適宜リマインドすることも心掛けてください。朝礼やブリーフィングなどで、顧客や取引先への連絡予定を確認するのも一案です。

④メンタルヘルス不調で休復職を繰り返す

Dさん44歳は、37歳の時に初めてうつ病と診断されて約半年間休職しました。その時は管理職になったばかりで、部下に仕事を振り与えられずに一人で抱え込み、仕事量が膨大になってしまい、突然、会社に行けなくなりました。

休職して業務を離れると、ほどなくして気持ちは楽になり、すっかり良くなったつもりでしたが、主治医からもう少し休むように言われて半年休みました。職場復帰後は、以前のように業務に追われることがないよう、できるだけ仕事を断るようにしてきました。

ところが、次第に自分が何をすればいいのか分からず、職場で孤立するようになり、再び会社に行けなくなり、2回目の休職となりました。以降、4回休職しています。復帰後はいずれも業務量は軽いのに、なぜ自分が不調を繰り返しているのか分かりません。

【なぜこうなるのか】

「うつ病」や「適応障害」などの診断書が出て、休復職を繰り返している人の中で、発症の背景に、発達障害の特徴傾向によって生じる職場でのストレスが隠れている場合があります。

職場と離れれば自分のペースで生活できるため、症状は軽減・消失しますが、職場に戻ると再び同じ轍を踏んで不調がぶり返してしまいます。

事例の内容だけではDさんが発達障害の特徴を持っているとは言い切れませんが、自分でもなぜ不調になるのか分からないと言っていますので、初回からの休職エピソードを思い出して、どんな仕事のやり方をしていて、職場でどのようなコミュニケーションだったか、うまくいっていないことはどんなことがあったかなどを丁寧に振り返る必要があります。

管理職になると、一点集中して作業に打ち込むだけでなく、細かなスケジュール管理や、部署全体の業務進捗状況、他部署との関係調整など、数字には明確に現れないようなことも把握し判断することが求められることがあります。つまり、業務に求められることが、ガラリと変わるわけです。

プレイヤーとしてはやれていたけれども、管理職になったとたんに、コミュニケーションや段取りの苦手さなどの特徴傾向が表面化してくることも少なくありません。

このようにこれまで経験したことのないようなストレスがかかっていても、ストレス自体は目には見えず、把握しづらいことですから、本人自身の実感や自覚がないこともあります。

また、Dさんは1回目の休職理由を業務の多さと考えて、職場復帰後は仕事を断るようにしていました。しかし、次第に職場で孤立してしまったことを鑑みると、必ずしも適切なやり方で仕事をセーブできなかったのかもしれません。

そもそも、自分の仕事量というものを適切に調節しようとすることは、そう簡単ではありません。物事の程度を勘案することが苦手な人は、やるときは100%を超えてやってしまうか、やらないと決めたら全くやらないという極端なやり方になってしまい、周囲と協調できなくなることもあります。また、仕事を「断る」ことは簡単にしてよいことではありませんから、状況や言い方によっては、かなり周りからひんしゅくを買ってしまうことにもなりかねません。

実際、本人に休職になった理由を尋ねると、本人なりに不調になった原因を考えて「業務が忙しかった」「残業が多かった」などを挙げるのですが、実は、単なる仕事量の問題だけではないこともありますので、職場復帰の際に業務量の調整がなされたとしても、２回、３回と休職が繰り返されることになってしまいます。

複数回にわたり休復職を繰り返しているような場合は、機械的に業務量を減らすだけでなく、本人にとって何がストレスになっているのかを、発達障害の特徴傾向の観点も含め、多角的な視点で丁寧に振り返っていくことが重要です。

【本人はどうしたらよいのか】

休復職が複数回になればなるほど、次第に仕事に自信を失ってしまったり、周囲に対する引け目から、職場にいることそのものさえもストレスに感じるようになってしまいます。

休職を繰り返す前に不調に陥った経緯や背景を多角的に振り返り、自分にとってストレスだったり、苦手だったり、多大に労力を費やしているようなことは何だったかを把握することが大切です。

今の仕事のやり方は妥当なのか、こだわって変えられないやり方をしていないか、相手の言いたいことが的確に把握できているか、自分が言いたいことが伝わっているかなどについて振り返りながら、気がついたことを主治医やカウンセラーに話してみてください。

また同時に、頭と体を休めるリラックス方法を確保できていたかどうかも検証してみてください。職場でフル活用した頭を、自分に合った方法でクールダウンさせることも大切です。落ち着いた一人の時間がないと、消耗が回復しないという人も少なくありません。一般的に言われるストレス発散法やリラックス法が、自分にとって有効とは限りませんので、自分が一番しっくりくる方法を見つけましょう。

［上司はどうしたらよいのか］

主治医や産業医の指示の通りに、業務軽減を実施しているにもかかわらず、何度も不調を繰り返している部下の場合、本人も気づいていない仕事上のストレスがある可能性があります。本人も気がついていないので、主治医や産業医も把握することが難しいと言えます。

上司や同僚のほうが、本人の仕事ぶりを客観的に見ることができますので、仕事の進め方や成果物の傾向、職場のコミュニケーションなど、業務上から気がつくところをピックアップしてみてください。それらの情報は非常に重要ですので、本人の了解を得たうえで、産業医や主治医、リワークのスタッフなどに伝えていただくことで、より適切な治療や支援ができる可能性が高くなります。また、本人とも職場復帰の際に、仕事の量だけでなく仕事のやり方、進め方についても話し合うようにしてみてください。

⑤報告・連絡・相談ができない

Eさんは、3回転職し現在の会社で営業をしています。上司は報告・連絡・相談を適切に行うよう、たびたび注意しますが、なかなか改善されません。取引先からのクレームがすぐに報告されなかったり、業務が行き詰ったまま放置されていたり、方向性を確認しないまま、間違ったやり方で業務を進めていたりなどのミスをたびたび起こします。

「困ったことがあったらすぐに相談するように」と伝えると、今度は、かなり細かいことや、小さな事項も、逐一確認してくるようになってしまったため、自分でも一度は考えてから聞くように伝えました。

[なぜこうなるのか]

報告・連絡・相談は職場で絶対的に欠かせないコミュニケーションスキルです。しかし、日々連続性のある業務の中で、どの状態やタイミングで上司に報告すべきなのか、どの程度困ったら相談してよいのか、などの判断がうまくできません。いずれも「状況の程度を把握して判断する」ことが苦手という特徴が影響しているものと考えられます。

「とにかく早く相談しろ」という上司の言葉を、Eさんは字義通りとらえたために些細なことでも逐一連絡するようになってしまいました。今度は上司に「少しは自分で考えろ」と言われてしまい、Eさんにとっては上司が気分次第で矛盾したことを命じると感じられ、上司に不信感を抱くようにもなってしまいます。

むろん、上司からすると翻弄するつもりはなく、ごく常識的な判断を前提にした注意を与えているのですが、Eさんとの間の溝はどんどん深くなっていきます。

このように、報告・連絡・相談は、単に情報のやりとりによる支障のみならず、人間関係の軋轢にまでに影響し、両者のストレスを増大させてしまう重要な課題と言えます。

【本人はどうしたらよいのか】

報告・連絡・相談は仕事でも最もよく使う重要なスキルです。それだけに、いつ、何を、誰に、どのように言えばいいのかいつも判断に迷うとしたら、それは多大なストレスとなります。

言われた通りに報告しているつもりでも、叱られてしまうこともあり、「今、もし報告しに行ったら、今度は何と言われるだろう」という不安や恐怖心が募ってしまうことにもつながります。そうした恐怖心が、さらに業務の非効率やミス、人間関係にも波及し、次第に職場にいることさえも辛くなってしまうこともあります。

いつ、何を、報告・連絡・相談すればいいのか、ということに関しては、構造的な工夫がありますので、後述する「上司はどうしたらよいのか」を一読してください。

一方、上司は自分のことを、ことさら非難しているととらえると、敵視する気持ちが芽生えてしまうため、まずはきちんと謝罪したうえで、「この場合は、どの時点でお伝えすべきだったか教えてください」と素直に聞いてみてもよいと思います。

もちろん、上司との関係性によりますが、自分にどうしても苦手な特徴傾向があるということを共有できている場合には、尋ねやすいでしょう。

上司にとっては「いわずもがな」なことでも、きちんと理由や具体的なやり方、判断の根拠などを解説してもらうことで、適切な報告・連絡・相談の流れを覚えていくことができる場合もあります。

発達障害の特徴を持つ人はどうしても意識が「叱られた」ということだけに向いてしまい、そのことをずっと引きずってしまう傾向があります。そうすると、前述のような恐怖心だけが増し、「どうすれば適切だったのか」という学習を妨げてしまうことになります。

「叱られた」ということではなく、「どうすればよかったのか」に意識を向けるようにしましょう。

では、どのように報告・連絡・相談を実行したらよいでしょうか。次の上司の項を一読してください。

[上司はどうしたらよいのか]

「こんな重大なことはすぐに報告すべきだろう」とか、「この程度のことはまず自分で調べるべきだろう」などの「べきだろう」は、いずれも「上司から見て当たり前の感覚」を前提とした言葉です。

上司の感覚とは全く異なる感覚を持っている人に、いくら「べきだろう」を並べても意味はありません。むしろ、相手は意味が分からないまま追いつめられ、上司や周囲に対する恐怖心や不信感を募らせてしまうことになります。

「何が言いたいんだ！」とか「結論から言え！」などと怒鳴ると、頭の中を嵐が吹き荒れているようなパニックに陥れてしまうことになります。ましてや、「何度言ったら分かるんだ！」などのような罵声は、相手の気持ちを萎縮させ、ますます事態を悪化させてしまいます。ただでさえ、大きな声は感覚過敏の人にとっては、非常にストレスとなりますので、絶対に避けてください。

報告・連絡・相談は、「いつ」言うのかというタイミングの問題だけでなく、「何を」「なんのために」「どのように」「誰に」を適切につかんでいることが必要です。

しかしそれは、物事の文脈をよく理解し、作業のゴールイメージも認識し、現状の問題点を抽出し、それらをしかるべき人と手短に共有しなければなりません。

上司と情報を共有するためには、要領よくポイントを抽出することが必要ですが、「連続性のある物事の必要部分を切り出す」ことが苦手な人はどうしても話が冗長になってしまいます。

前述したように、上司自身の感覚や判断の道筋を「分かって当然」と考えず、事態が重大だと判断するポイントはどこか、連絡がないとどうして困るのか、などをできるだけ「解説」し、そのうえで適切な行動を具体的に指示する必要があります。

もうひとつ重要なことは、報告・連絡・相談のタイミングを部下に委ねるのではなく、構造的に情報をキャッチできるように工夫する方法です。

たとえば、定期的に15分間のブリーフィング（簡潔な情報共有・説明）の機会を持ちます。このブリーフィングで、案件の進捗、誰かに連絡すべきことがあるかどうかの確認、困っていること、滞っていること、イレギュラーの出来事、今後の計画など、特に本人の業務上影響が大きいと思うところについて聞き取ります。そのうえで、必要であれば短期的なアクションを指示します。

本人が上司に伝えるべきだと考えていないことであっても、こうした定期的なブリーフィングの機会があれば、上司のほうからそれをキャッチできるチャンスになります。

「定期的」の頻度は、本人の業務内容や問題の頻度などにより、本人と話し合って決めてください。毎日の場合もありますし、週に1回とか2回というような場合もあります。

このブリーフィングでは、業務の全体像と取りかかる作業の位置づけ、全体の展開の見通しなども、合わせて上司のほうから本人に伝えてください。

全体像とは、他のチーム員が担っている作業部分や、作業スタート時点からの経緯や、全体で到達したいゴールイメージなどです。業務の一部しか見えないと、他の部分は推測や想像で補わなければなりません。しかし想像することが苦手であるために「分からない部分」が多いことは不安のもとになるだけでなく、業務を適切に理解できないことにもなります。

自分がやることの全体像や全体像の中の自分の作業の位置づけが見えると、頭の中の整理に役立ち、安心感を与えることができ、方向性のズレやミスを防ぐことにもなります。

⑥仕事が遅く、頻繁に欠勤する

Ｆさんは、とても丁寧に仕事をしますが、作業スピードが遅く、残業も多いので、どうしても事務処理が溜まってしまいます。苦手な事務処理が依頼されると、あれこれ理由をつけて周囲に振り、自分ではなかなかやろうとしません。それに加え、仕事が溜まってくると突然休んでしまい、周囲の人たちがデスクに山積した書類を代わりに処理するはめになります。

【なぜこうなるのか】

発達障害の特徴を持つ人の中には、何事も非常にゆっくりとしたペースの人もいます。ゆっくりペースになる原因としては、人の歩く音やコピー機や空調などの周囲の環境音に気が散ってしまうことや、頭の中がごちゃごちゃと混乱しやすいため、必要な情報を要領よく引き出すことができないこともあります。また、「ここまでやりたい」とか「ちゃんと納得してから次の作業に移りたい」などの自分の中のルールやこだわりから作業が遅くなってしまうこともありますし、ワーキングメモリ機能の低さから、さまざまな情報処理が要領よくできないことも関係していると思われます。

Ｆさんが取っている対処術は、なるべく仕事を引き受けないようにしたり、処理できなくなったら休んでしまうという、周囲に迷惑をかけてしまう方法です。

職場で孤立している雰囲気があるかもしれませんが、周囲の雰囲気をくむことが苦手であることから、自分がヒンシュクを買っているとは気がついていないかもしれません。

とはいえ、デスクに書類が山積になっていくことは目で見て分かりますから、溜まっていく業務にストレスを感じます。突如欠勤という事態は、ストレス回避行動でもあると同時に、本人のメンタル不調のサインとも考えられます。さらに、尻ぬぐいする周囲にとっても、不満と負担感が常態化すれば、職場全体の士気の低下だけでなく、メンタルヘルス不調として問題が波及する恐れもあります。

【本人はどうしたらよいのか】

急に作業ペースを上げることは難しいと思います。もし周囲が気になって集中できないようであれば、上司の許可をもらいデジタル耳栓を利用したり、比較的静かなデスクを一定時間だけでも利用させてもらうなどの工夫があります。

どうしても期待される作業をこなすことが困難であれば、作業量や内容を調整してもらえるよう上司と話し合うことも必要かと思われます。

自分がすべき業務を勝手に他者に振ることはせず、自分の業務の進捗状況を上司に報告し、滞っている業務についての対処への指示を仰ぐ必要があるでしょう。

最も避けたいのは、突発休です。突発休は、自分の業務を投げ出して、周囲の迷惑を省みない行為です。急な体調不良など、やむを得ない場合を除いては、突然の欠勤、遅刻、早退は、できるだけ避けるべきです。

突発休をするほど追いつめられてしまう前に、溜まった書類の処理の方法を上司に相談しましょう。いつ相談すれば分からないということであれば、たとえば、書類が5枚溜まってしまったら相談するとか、2日間同じ書類を止めていたら相談する、などと決めておく方法もあります。また、上司に細かく進捗の管理をしてもらうために、自分と上司だけの定期的なブリーフィングの時間を持ってもらうようにしてもよいでしょう。

ペースが遅い分をカバーするために、労働時間が長くなり、残業が増大する場合がありますが、自覚以上に疲労が蓄積し、メンタルヘルス不調に陥る危険もありますので、長時間労働が常態化しないよう気をつけ、帰宅後のリラックスも心掛けましょう。

[上司はどうしたらよいのか]

本人を叱責したり、急かせたりするだけでは改善しません。どの事務作業がどんな進捗なのかを定期的に把握し、本人が勝手に他者に仕事を振ってしまわないように管理しなければなりません。

⑤のEさんの対応方法でお話ししたように、定期的にブリーフィングを行い、状況を把握することが必要だと思います。ブリーフィング場面で進捗を確認し、どうしても難しい作業は、上司から他の人に依頼します。

作業が遅い人でも、あるパターンを確立して繰り返すことで作業速度が早まることもありますので、できるだけ業務の流れや処理方法をパターン化できるやり方を編み出すのもひとつです。

また、前述のように周囲の負担が常態化するのは職場全体の士気に悪影響を与えます。業務の量だけでなく、「なぜ私がやらなければならないの？」という不公平感が、メンタルヘルスにとっては最も悪影響を及ぼします。場合によっては、本人の了承のもと、業務量の軽減など配慮点を職場内できちんと説明する必要があるかもしれません。

他者に比べて業務量を減らさなければならない場合は、その分みんながなかなか手をつけられない（つまりそれほど急務ではない）棚にあがっているような業務を引き受けてもらうのも一案です。

作業が遅い分をカバーするために、長時間勤務が常態化するという問題もあります。「残業するな」というだけでは、作業ペースは変えられない、仕事は終わらない、残業はできない、という状況にどう対処したらよいか分からず混乱してしまう危険があります。業務量に比例して残業が多いような場合や同じ部署でひとりだけいつも残業しているような場合は、現在抱えている業務の量や内容の確認をしてみましょう。

⑦仕事の優先順位がつけられない

Gさんは営業のアシスタント業務をしていますが、業務の優先順位がつけられず、メールの返事が遅くなったり、資料作成が間に合わなかったりすることが頻繁にあります。

組んでいる営業担当が困って、改善するよう伝えるのですが「すみません」と謝るばかりでいっこうに改善されません。

【なぜこうなるのか】

営業アシスタントのような仕事は、雑多な作業も含め、あちこちから頻繁に新たな依頼が発生するため、適宜優先順位をつけながら、業務を進めていく必要があります。

優先順位とは、納期が早い順番に処理するということだけではありません。やらなければならないことを、どのように着手すればすべての納期に間に合うように処理できるかを計算する、ということです。

発達障害の傾向がある人はひとつのことに没頭すると他のことが考えられなくなってしまうことや、行動の転換が苦手なこと、ひとつのことにこだわって労力をかけてしまうことなどの特徴により、ひとつの仕事が終わるまで次に手をつけられない、ということがよく見られます。

ちょっと手を止めてメールをひとつ返してしまえば済むようなことでも、「この作業が終わらないとできない」とこだわって何日も放置されてしまうことがあります。

③のCさんの事例のように、やらなければならないことが記憶として明確にインプットされていない場合もありますが、やらなければいけないことは分かっているのだけれども、うまく複数の業務に着手して進めていくことができないということもあります。

【本人はどうしたらよいのか】

「仕事の優先順位をつけろ」と言われると、「急ぐものから順番に手をつける」と言われていると考えがちです。

しかし、たとえ急ぐ順に業務を並べられたとしても、ひとつの業務が完全に終わるまで次に手をつけられないとしたら、すべての業務が後ろにズレ込んでいくだけで、何ら問題は解決しないでしょう。

「仕事の優先順位をつける」ということは、急ぐ順番から手をつけるということではなく、「やるべき仕事のプロセスを細分化し、それにどのように手をつけていくかを適切に判断すること」です。

双六のコマでたとえてみましょう。3つ抱えている業務があるなら、3つの双六シートと3つのコマを持っていて、今日は、それぞれのコマを、双六のマス目のどこまで進めるか？　と考えます。このマス目が、細分化した業務のプロセスということになります。3つの業務のプロセスはそれぞれ違いますから、3種類の双六シートがあると思ってください。3枚の双六シートのうちで、早くコマを進めてゴールさせなければいけないものは、一番優先順位が高い業務ということになります。

実際には、双六シートを広げるわけではありませんが、それぞれ「今日はこのマス目まで進めよう」と考えた「ここまで」の目標を、付箋に貼ったり、ノートに書いたりしてもよいでしょう。

一日の労働時間を考えて、３種類の双六シートの「今日はどこのマス目まで進めるか」を決めますが、ひとつの業務に取り掛かると、つい他の２つの双六シートのことを忘れてしまう危険もあります。定期的に時間を決めて、３つのコマが双六のマス目のどこまでいっているか全体を見てみましょう。

このように、それぞれ抱えている業務の全体像（双六シートの全体）が見えると、やり方がつかめてくると思います。

［上司はどうしたらよいのか］

業務を依頼するメールを出したが、１週間もなしのつぶて……というようなことに心当たりがあるかもしれません。その場合は、恐らくメールの返信だけでなく、他の業務も適切な優先順位で進められていない可能性があります。

さまざまな業務にはたとえ明確な納期日が決まっていなくても、「いわずもがな」で即日に返事すべきものとか、1週間以内には提出すべきものなど、だいたいの常識的な目安があるものですが、それらを言語化せずに共有するのは難しいと考えられます。ですから、言わなくても当たり前のことでもできるだけ「いつまでに出してください」と具体的に伝えることが大事です。

Gさんに関しては、定期的なブリーフィングを行い、抱えている業務内容の確認や進捗確認をします。進捗確認する場合には、本人が自分のボールだと思っていないために、ブリーフィングにおいても本人からは何も言及されない可能性もありますので、「誰が」「何をしている（すべき）状況か」という具体的なステイタスを確認してください。

可能であれば、上司が業務を細分化して、今日の分の指示を明確に出すという方法もあります。

⑧会議で居眠りしてしまう

Ｈさんはデスクでの作業中や会議中、少人数で話しているような場面でも、ウトウトと居眠りしてしまうことがよくあります。特に夜眠れていないという自覚はなく、また、日中特に眠たくてどうしようもない、という感覚もありません。上司も何度か注意しましたが、いっこうに改善しません。

［なぜこうなるのか］

Ｈさんには自覚されていないものの、夜間の睡眠の質が悪かったり、つい夜更かしをしている、あるいは、睡眠リズムがズレてしまっているために、日中に眠気が生じるとも考えられます。しかし、睡眠はきちんととれているにもかかわらず、業務中に寝てしまうということもあります。

興味や関心を持続できることとできないことの落差があるという発達障害の特徴があり、

かなり集中して遂行できる業務と、どうしても集中力が続かず時に眠気に襲われるほど覚醒水準が落ちてしまうこともあります。本人としても、就業中に寝てはいけないと分かっていますが、なかなか改善できません。

また、感覚の過敏さや周囲の情報への反応のしやすさがあり、外界の刺激を必要以上に受けてしまう場合や、過集中により、無自覚に脳を酷使して、脳が疲労しやすい状態になっているため、昼間であっても、自覚なくウトウトしてしまうとも考えられます。

【本人はどうしたらよいのか】

自分ではなかなかコントロールできないにもかかわらず、「社会人として自覚が足りない」と思われてしまうのでつらいところです。

自分ではそれほど自覚がない場合も含め、今一度生活リズムを客観視し、ズルズルと夜更かしになっていないかチェックしましょう。

休日に、家事や遊びに集中し過ぎてしまい、気がつくと朝とか、ちょっとお昼寝のつもりが、そのまま夜まで寝てしまうなどして、昼夜逆転のリズムになってしまうこともあります。休日の過ごし方にも気をつけましょう。

また、生活リズムは乱れていなくても日中眠くなってしまうことや、眠いという感覚はそれほどないままに、気がつけばうつらうつらしてしまう場合もあります。

情報の刺激を受けやすいため、自覚以上に脳が疲れている状態かもしれません。自席であれば、少し離席してティーブレイクを入れるとか、軽く体を動かすなどをして気分転換を図るとともに、１時間に１回は、軽く目をつぶって、ゆっくり深呼吸をし、頭と体の休憩を取るようにしましょう。

作業に集中し過ぎてしまい、ブレイクが取れないと、会議などで一気に眠気に襲われてしまうことにもなります。作業に集中していても、ちょっとお茶を飲むとか、外の空気を吸いに行くなどの休憩のタイミングを逃さないように、一定時間おきにアラームをセットしておくのもひとつの方法です。

お昼休みには、昼食後の残った時間で、できるだけ外界の刺激を遮断して頭を休めることが大切です。静かな場所で休憩を取ったり耳栓やアイマスクなどを利用するのもよいでしょう。また、通勤において、街中にあふれる情報や人混みに対してのストレスが大きい可能性もあります。電車で座れた時には耳栓をしたり、人混みを避けた時間帯にするなど、刺激を低減することも一案です。

自助努力しても日中の眠気がある場合は、自覚以上に心身の疲労が蓄積している危険性もありますので、通院中の場合は主治医に相談してください。通院していない場合は、これを機に受診をするのもひとつの選択です。

［上司はどうしたらよいのか］

居眠りする部下を見ると、生活が乱れているのではないか、仕事にやる気がないのではないか、社会人としての自覚が足りない、などと考えてしまいがちです。しかし、外界からの大量の刺激に対して敏感に反応してしまうという発達障害の特徴によって、常に脳が疲労している状態にあるとも考えられますし、あるいはそれが高じてメンタルヘルス不調の初期症状を示している危険もあります。

業務中に適切なブレイクが取れず、過集中状態が続いている反動で起こる眠気とも考えられますので、時々声掛けをし、ブレイクを取るよう促してください。

睡眠という問題は本人と共有しやすいところですから、未受診の人には、これを機に受診を勧奨するきっかけにしてください。

⑨業務の指示が通らない

上司は朝礼の時間に業務の指示を出すようにしています。部下は自分に関係するところをメモし、確認すべきことがあればその場ですぐに質問をしていますが、Ｉさんはメモ帳を手に持っているものの、特に書き留める様子はなく、質問や確認をしてくることもありません。

しかし、しばしば納期近くになって、Ｉさんがやるべきことが全く手をつけられていないとか、全く見当違いの作業を進めているなどがあり、上司や周囲が困ってしまいます。

[なぜこうなるのか]

発達障害の特徴がある人は、メモを取ることが苦手です。話を聞きながらメモを取るという行為は、耳で情報を聞きながら、頭の中で必要な情報を一時的に保ちつつ情報処理し、同時に書き記すという作業です。

しかし、ワーキングメモリと言われる記憶の一時置き場が狭いという特徴のため、耳から次から次に入ってくる情報は、すぐにいっぱいになってしまいます。いっぱいになった情報は新しい情報に押し出されてこぼれ落ちてしまうため、「ちゃんと聞いていたけれども、なんでしたっけ?」ということになってしまいます。

狭い一時置き場に置いた情報を選択しながら必要なキーワードを書き留めるということはとても難しい作業になります。その結果、メモ帳を用意しても何も書けないのです。はたから見ると、やる気がないと思われてしまうこともありますが、本人としては、必死に情報を拾おうと努力しているのです。

発達障害の特徴を持つ人は、「耳から聞いた情報を理解する、処理する」ということが苦手であることが少なくありません。耳から聞いた情報を処理するのは苦手でも、文字や図や動画のように、目から入ってくる情報を処理することは得意であることもあります。このような人を「視覚優位」である、と言います。

逆に、耳で聞いて情報処理することが得意な「聴覚優位」な人もいます。人の話や説明を耳で聞いて理解することに長けている一方で、人の顔を覚えたり、本や書類を読んで理解することが苦手なこともあります。

定型発達の場合は、聴覚と視覚からの情報処理をどちらも、ある程度バランスよくできますが、発達障害の特徴を持つ人は、どちらかの情報処理が不得意であるというアンバランスさが見られることがよくあります。

［本人はどうしたらよいのか］

これまで口頭で業務を依頼されて、本当はよく理解できていないのに、つい「分かりました」と答えてしまうことはなかったでしょうか。理解できていないまま引き受けてしまうと、その後どう業務を進めてよいのか、何をどのように聞き直してよいのか分からず、苦しくなってしまいます。さらに分からないままに業務に着手すると、方向性がズレたまま進捗してしまいます。後々困らないためにも、最初のインプットはとても大事ですから、自分に合った情報の入れ方を工夫しましょう。

視覚優位の人は、メールで指示してもらったり、ポイントだけ箇条書きにしたメモをもらったり、自分で依頼内容をメールでまとめてみて上司に確認してもらったり、など、口頭の情報をできるだけ視覚化して確認できるようにするとよいでしょう。

聴覚優位の場合は、本や書類を読んで理解するよりは、他者からの口頭での説明を聴いて理解するほうが有効です。しかし必ずしも他者が説明してくれるとは限りませんので、自分で資料を読まねばならないような時は、迷惑にならない場所で声に出して読むとか、声に出して読んだものを録音して聞き直すなどの工夫があります。最近では、テキスト情報を音声化してくれるアプリもありますので、そうした機器を活用するのも一案です。

作業環境に雑音が多いと気を取られて集中できないこともありますので、注意が分散しない環境のほうが作業しやすい可能性があります。

[上司はどうしたらよいのか]

メールでのコミュニケーションが当たり前になっている昨今ですが、それでも口頭による指示命令が主ですし、ましてや会議などは複数の人の言葉が予測不能に行き交う場ですから、特に視覚優位の人にとっては情報がうまく拾えず、混乱してしまうことになります。

上司から見れば本人が「分かりました」と言ったのに全然違う作業をしていたり、全く着手していないなどを見れば、「言っていることとやっていることが違う」とか「うそをついている」と感じてしまうかもしれません。

しかし、本人は不誠実であるつもりは全くありません。口頭だけの情報を聞き直そうとすれば、きりがないほどたくさんあるため、逐一、場を止めることがなかなかできず、いったんは「分かりました」と言うしかないのです。本人にとってみれば、とりあえずその場をしのぎながら、必死に考えて何とかこなそうとしているのです。

対応の工夫としては、視覚優位の人には口頭だけでなく、メールを利用します。初めからメールだけで指示してもよいですし、初めに口頭で伝えた後に、メールでポイントや工程などを箇条書きするという方法でもよいと思います。進捗確認において、もし修正点や新たな指示があれば、それも口頭だけでなくメールやメモ書きを利用します。

あるいは、口頭での説明の際に、二人の間に紙を置き、上司が手書きでポイントやフロー図を書きながら指示するとよいでしょう。その場でポイントだけでも視覚化されると、理解しやすくなります。

また、一度にたくさん話さないようにして、途中でいったん話を止めながら、本人がメモをする時間を確保して進めていくという方法もあります。

聴覚優位の人には、大量の資料を読みこまねばならないような業務は困難が伴うと考えられます。しかし、それに代わる図解や動画の資料があるとは考えにくいですから、たとえばチーム化して読み合わせのように進めていくとか、録音やアプリなどを利用して音声化するなどの自助努力に理解を示すようにしてください。

いずれにせよ、最初の段階で、本人の特性に合ったやり方で、情報をインプットさせることが重要です。

⑩曲がったことが大嫌い、職場や上司を糾弾する

Ｊさんは、業務を進めていくうえで、少しでも原則と違ったり、ルールから外れていたりすると不誠実な行為だとして職場や上司をたびたび糾弾することがあります。Ｊさん自身は、正義感が強いと自認している様子ですが、周囲は辟易することもあります。

とはいえ、時に理想論としては筋が通っていることもあるため、無視するわけにもいか

ず、内部統制に時間がかかってしまいます。

［なぜこうなるのか］

発達障害の特徴を持つ人は、曖昧さや臨機応変が苦手であるために、決まったことを遵守することやルールにのっとって考えることが、自分にとって最もフィットする「考える道筋」です。そのため、その道筋が乱されるようなやり方は受け入れられません。

どんな業務においても、決めたやり方やルール通りにはいかないこともあり、一度決まったことが変わったり臨機応変に判断しなければならなかったすることもあります。

しかし、それらのやり方は発達障害の特徴を持つ人にとっての「考える道筋」からは逸脱していて、なぜ決まった通りではないことが起こるのか、その脈絡や意味をうまくとらえることができません。ですから、本人にとってはそうしたやり方をする人はいかにもでたらめで、無責任のように感じてしまいます。

だからこそ、自分は正義のための主張をしていると考え、上司や組織を糾弾するようになってしまうのです。

もちろん、Ｊさんの主張に一理あることや、軽視してはならない重要な指摘となることもあると思います。しかし、物事は複合的で多角的に判断しなければならないこともあり、「堅持することと柔軟性のバランス」が必要です。

そもそも個々人の仕事のとらえ方ややり方と、組織にとっての仕事のとらえ方ややり方が、完全に一致していることは少なく、だからこそ、そこにちょうどよい折り合いをつけながら仕事を進めていく必要もあるわけです。しかし、そうした「折り合いをつける」という曖昧な観点そのものが、本人の特徴傾向からすれば、とても分かりにくいことだとも言えるでしょう。

【本人はどうしたらよいのか】

人にはそれぞれ得意とする「考える道筋」があります。自分にとっては自分の道筋が至極当然であり、それ以外は理解し難く感じてしまうものです。

しかし、他者の道筋にもそれなりの妥当性がありますから、まずは自分の道筋だけでなく、他者には他者の「考える道筋」があるのだと理解しておくのも大事なことです。道筋の先にはゴールがあるはずですが、道筋にこだわるあまりゴールが見えなくなってしまうこともあります。時に応じて、周囲と一緒にゴールを確認し合うことも大事です。

さらに、発言する時の「他者が受け入れやすい言い方のスキル」を身につけることが役立つ可能性があります。正しい主張も言い方次第でネガティブな印象を与えてしまうこともあるからです。他者も自分も尊重する自己主張である「アサーション」というスキルが役立つこともあります。

また、組織や周囲を糾弾したくなる気持ちは、上司や同僚との日常的なコミュニケーションの齟齬による不満や不信感が温床になることもあります。業務指示の受け方や、報告・連絡・相談の仕方、ちょっとした会話のやりとりなど、日常的な業務場面において周囲と信頼関係を構築しておくことも重要なことです。

［上司はどうしたらよいのか］

強い語気で糾弾されると感情を刺激されるだけでなく、説得や説明などに想定外に時間を取られることになってしまい、困ることもあるでしょう。

最も重要なのは、本人の「考える道筋」に合った納得を得ることです。周知の事実であると思っていることや、当然推測するだろうと思っていることを「省略」せず、判断の根拠や状況について、できるだけ順序だてて論理的に言葉にすると、本人にとっては、想像や推測が苦手なために理解できなかった「他者の考える道筋」が理解でき、納得が得られやすくなります。

また、感情的な溝が生じることは次なる糾弾の温床となりますし、上司のほうも感情が高じてしまって自分のやり方をゴリ押しするようになると、パワハラの訴えのリスクも生じてしまいます。日頃から「分かっているはず」や「言わなくても理解しろ」をやめて、できるだけ簡潔かつ明確に説明することを習慣化してください。

⑪忘れ物や失くし物が多い

Ｋさんは、取引先に持参すべき書類を忘れたり、出張宿泊先に書類やパソコンを忘れたり、電車の中にカバンを忘れることなどがたびたびあります。また、書類を手に持って上司に確認印をもらいに行き、デスクに戻ってから気がつくと書類をどこに置いたか分からない、などの失くし物も頻繁です。

【なぜこうなるのか】

必要なことに注意を維持できない「不注意」や、目についたものに気を取られやすい「衝動性」が特徴傾向にある人は、職場ではこのような忘れ物や失くし物がたびたび見られます。書類を手に持っていても、上司のデスクに行くまでの間に誰かに声をかけられてちょっと立ち話をしている間に、ほとんど無意識に書類をどこかに置いてしまう、というような具合です。

業務の書類やパソコンには、さまざまな機密情報が入っていることもあり、組織的な重大問題にならないとは限りませんから、本人の工夫や職場での対策が不可欠です。

【本人はどうしたらよいのか】

手ごたえのない紙一枚ですと、無意識に手を放しても気がつきにくいため、書類が一枚だったとしてもあえて重量のあるファイルに挟んだり、オフィス用のトートバッグに入れて持ち歩くようにしている人もいます。

それでも、いったん他に意識が向けば、無意識に手を放してしまう危険性がないとは言えませんので、特に重要な書類を扱う場合には、「キーファインダー（探し物発見器）」などを利用し、紛失物を見つけられるように工夫するのも一案です。

外出時は、荷物が二つ以上になると適切に注意を払えなくなる危険が高まりますので、出張に必要な重要書類はいつも同じ目立つファイルに入れ、別の手荷物にせず、できるだけひとつにまとめたり、荷物をチェーンなどで連結したりするようにします。

出張に必要な日用品グッズはいつもひとまとめにしてポーチに入れるようにし、当日持参する書類も含めてすべて前日に用意します。
覚えている間に、周囲の人に「忘れないよう、直前にこれを持ったかどうか聞いてほしい」と依頼しておくなど、他者を活用することもよいでしょう。

また、忘れ物や紛失物が頻繁な人は、片付けるのが不得意であることが多いため、デスク周りも書類の山になっている可能性があります。デスク周りが乱雑ですと、忘れ物や紛失物も多くなります。

パッと見て違いが分かりやすいように色の違うトレイをいくつかデスクの上に平置きにして、「今日中に着手するもの」「近日中に着手するもの」「終わったもの」あるいは、「これから処理するもの」「処理が終わったもの」「分からないもの」など、自分の業務作業にあったように分けるなど、デスク周りの整理を心がけましょう。

「捨てるもの」の箱も用意しておき、処理が終わったものの中で捨ててよいものなどはそちらに移すようにします。しかしシュレッダーにかけるのは一定期間おいてからにしましょう。破棄してはならない書類が判断ミスで紛れている可能性があるからです。

［上司はどうしたらよいのか］

職場としては、パソコンなどを社外に持ち出さないことや、パソコン上のセキュリティを整備しておくのは言うまでもありません。重要な書類は手持ちで持参することをなるべく避け、事前に準備して郵送することや、ｅメールでの添付送信が可能であればセキュリティをかけて送ることを推奨しましょう。

自宅と出張先の直行直帰は避け、仕事に関する書類や物品はすべて職場で保管するようにします。外勤や出張などの場合は、上司も最終チェックをしたり、声掛けをします。

⑫電話の取り次ぎができない

Ｌさんは、電話の取り次ぎがうまくできません。相手の名前や所属、宛先、要件、連絡先、宛先不在の場合どうすればいいのか、などの情報を漏れなく聞き取れたことがなく、いつも何かの情報が抜けていて、周囲も本人も困っています。

［なぜこうなるのか］

Ｌさんのように電話がうまく取り次げない、そのためデスクで電話が鳴るのが恐怖だ、という人は少なくありません。電話をうまく取り次ぐには耳で聞いた情報を頭の中の「情報の一時置き場」に置きながら、必要な情報を要領よく相手に尋ね、聞き取ったことをメモしておかなければなりませんが、ワーキングメモリ機能がうまく作動しないため、こうした一連の作業が容易にできません。

電話は耳からだけの情報になりますから、視覚優位の人にとっては、とても難易度が高い業務といえます。

さらに、障害の特性からだけでなく「また失敗するのではないか」という予期的な不安も相まって緊張し、ますます聞き取りを困難にしてしまう二次的な心の影響もあります。

本人が失敗を恐れて電話を取るのを避けていると、周囲からは、楽をしようとしている、怠けていると思われてしまうこともあります。

【本人はどうしたらよいのか】

電話口の相手に何度も聞き返してクレームになったり、必要な情報を聞き漏らして叱られたりなど、電話対応がうまくいかないことは悩みの種だと思います。

電話用のフォーマット「氏名、所属、宛先、要件、対応、相手の電話番号」を用いることは、助けにはなりますが、相手の話を聞きとりながらメモをするという行為には変わりありませんので、完全に悩みが払拭できるわけではないと思います。フォーマットは、できるだけ言葉を書き込まないで済むように、☑項目を用意します。氏名や所属は漢字を使わず、かたかなやひらがなで書くようにしましょう。よく電話がかかってくることが分かっている相手はリストにしておいて、名前を聞けば所属や連絡先がすぐ分かるようにしておくことも助けになります。

また、ボイスレコーダーを利用し、録音したものを宛先に転送するとか、録音を聞きながら落ち着いてメモに転記するなどの方法もあります。

電話対応が多い場合は、無理して非効率な時間を費やすよりも、別の得意な業務でカバーするほうがよいかもしれないので、上司に相談して電話対応をしない許可を得るという方法もあり得ると思います。

【上司はどうしたらよいのか】

「電話対応くらいできるのが当たり前」「できないのは常識がないからだ」と考えがちですが、電話対応が苦手なのは、ワーキングメモリ機能の低さという発達障害の特徴によるものであると理解することが必要です。

前にも解説したように、電話対応フォーマットやボイスレコーダーの検討とともに、電話対応の役割自体を外すことも検討する必要があります。

本人からは電話を取らないことをなかなか申し出られないと思いますので、上司から声をかけ、本人と話し合う機会を設けていただきたいところです。

発達障害の特徴を持つ人は、ある一定のパターンを確立し繰り返して「慣れる」ことで効率があがることもありますが、電話対応という聴覚刺激そのものが業務の場合は、何度繰り返したとしても苦手なことが完全に払拭されることは困難と考えられます。

そうであれば、電話対応を無理に強いるよりは別の業務に時間を割くほうが合理的だ、という考え方もあると思います。

本人の了解のもと周囲にきちんと本人の業務について説明し、電話対応をしないことに理解を求めることが必要な場合もあるでしょう。

さて、以上に全部で12事例挙げましたが、ここでまとめた方法が人によっては有効ではない場合もあります。一人ひとりの特徴にも個性がありますし、職場環境によっても変わります。

うまくいく方法を見つけるひとつのヒントは、「うまくいっていた時のこと」に着目することです。「この時は問題なくやれていた」と思う時の仕事の内容や、やり方、サポート、上司とのコミュニケーションの方法などを思い出してみると、何があればうまくいくのかにたどり着く大きなヒントになる可能性があります。

特にグレーゾーンの人たちの場合、発達障害の特徴が色濃く出て、問題として顕在化してしまうのには環境が大きく作用しますから、「この時期はうまくいっていた」という環境の要素を再現することでうまくいくことがあります。


たとえば、「ある時期は、毎日ほぼ定時に帰宅し、自分の時間がとれていたことが落ち着いていた要素になっていた」ということであれば、この人にとっては、自分の時間を確保することが、ストレスマネジメントに最も重要であると言えるかもしれません。

また職場に理解のある同僚がいて、本人が言いたいことを間に入って伝えてくれたり、上司の指示をかみ砕いて教えてくれたりしていた、ということであれば、上司との間の翻訳機能が重要だということが分かります。

問題を解決したいと思う時には、つい、問題の原因を追究してしまうものですが、少し視点を変えて、過去の「うまくいっていた時」の要素を見直すことによって、有益な方法を見つけられることもあるのです。

第5章
職場として発達障害にどう関わるか

知っておきたい「合理的配慮」とは

これまで「業務の工夫や調整」あるいは「(事例に対する) 上司の対応」と書いてきたところは、いわゆる「業務上の配慮」と言われ、事業主が健康上の問題を抱える労働者に対して講じるべきものです。実際にうつ病などで業務調査が必要な場合には産業医等が主治医による診断や本人の症状の状態に基づいて、業務の質や量による心身の健康へのリスクを鑑み、本人の上司と相談しながら、業務を行う上で必要な配慮が行われています。

これは、法律上の「安全配慮義務」に紐づくものです。「安全配慮義務」とは、労働者がその生命、身体等の安全を確保しつつ労働することができるよう、使用者において配慮する義務のことです。

平成20年3月施行の労働契約法第5条において「使用者は、労働契約に伴い、労働者がその生命、身体等の安全を確保しつつ労働することができるよう、必要な配慮をするものとする。」と明文化されています。

安全への配慮は健康への配慮も含まれますから、危険作業や有害物質への対策だけでなく、発達障害も含めたメンタルヘルス問題にも対応することが求められます。

労働契約法に罰則はありませんが、安全配慮義務を怠っているとされた場合、民法第709条（不法行為責任）、民法第715条（使用者責任）、民法第415条（債務不履行）等を根拠に、事業主などに損害賠償が命ぜられることもあります。


さらに、最近の流れでは、2016（平成28）年4月1日に施行された「障害を理由とする差別の解消の推進に関する法律」（平成25年法律第65号）の中で、差別解消のための措置として、「差別的取扱いの禁止」「合理的配慮不提供の禁止」などが定められました。

「合理的配慮」とは、障害のある人から何らかの配慮を求める意思表示があった場合に、日常生活や社会生活で受けるさまざまな制限をもたらす原因となる社会的障壁を取り除くために、個別の状況に応じて行われる配慮を言い、事業所の自主的な取り組みを促しています。

障害のある人とは、知的障害、身体障害、精神障害に加え、発達障害のある人も含まれます。そして、障害者手帳を持っている人だけでなく、社会的なバリアにより日常生活や社会生活に制限を受けているすべての人が対象となります。

ですから、「発達障害」の手帳がなくても、本人から配慮を求める意思表明があれば、職場の負担が重すぎない範囲で、配慮することが求められるのです。

つまり、こうした法律を背景として、発達障害の人が、その特徴がゆえに職業生活がうまくいかない状況であれば、必ずしも障害者手帳などがなくても、職場は過剰な負担にならない範囲で、業務における工夫や調整などの配慮を講じる必要があるということです。発達障害の特徴がある人への業務上の配慮は、上司の考え方如何ではなく、職場として取り組む必要があるわけです。

さらに言えば、上司によって配慮されたりされなかったりすることがなく、また、配慮の内容が大きく変わることなく、異動や転勤などがあってもある程度一貫した配慮が継続されることが望ましいと言えます。

しかし、実際には、どのように本人と合意しながら、具体的な配慮を講じていけばよいのか悩むところだと思います。特に、本人への最初のアプローチは、どう声をかけ、どう話を進めてよいのか躊躇も大きいでしょう。

本書冒頭にあげた「発達障害なんじゃないか？　病院で調べてもらってこい」という上司の台詞にもあるように、受診勧奨は本人へのアプローチのひとつであると考えられますが、どんな伝え方が適切なのか、また受診ありきでないとすれば、どのように対応していったらよいのかをお話ししたいと思います。

うつ病などの二次障害を見逃さない

通常、うつ病などのメンタルヘルス不調が疑われる部下に対しては、その時点で受診を促し、治療医による医学的な判断を仰ぎ、健康上の問題とそれを根拠とした休職や業務上の配慮の必要性について確認したうえで、それらを講じる必要があります。

上司が、部下のメンタルヘルス不調を疑う時には、業務遂行の様子が「以前とは違う様子である」と気づくことが重要な対応のスタートになります。
「以前はよく皆で談笑していたが、最近は全く人の輪に加わらなくなった」とか、「以前はなかった顧客からのクレームが相次いでいる」とか「最近は業務に自信がないとか、辞めたいとか言うようになった」などです。

発達障害も二次的なうつ病を発症する可能性は大いにありますので、同じように以前とは違う様子が見られることがあります。しかし、たとえば、発達障害の特徴を持つ人は以前から人の輪には入っていなかったとか、業務が遅い、周囲とトラブルがよくあったなどと「以前から」変わらずに問題になっていることも多いため、二次的な不調に気がつくのが難しいとも言えます。

さまざまな要因と発達障害の特徴を踏まえたうえで「以前はできていたが、現在は違う」という観点で考える必要があります。

実は、発達障害の特徴を持った人たちが病院を訪れるきっかけとなるのは、自らが診断を求める場合以外は、**二次的なうつ病の発症が最も多いのが現状です**。発達障害の特徴を

図3 うつ病のサインと職場での様子

抑うつ気分、楽しみの喪失	◎抑うつ、元気が出ない ◎空しい ◎いらいら、罪悪感 ◎非現実感 ◎何にも興味関心がない	[職場での様子] ・口数が減る ・イライラして他者とぶつかる ・会議で攻撃的になる ・元気がない ・すぐに涙する
意欲・行動力が低下	◎注意集中力低下 ◎決断力低下 ◎億劫感 ◎仕事の能率低下 ◎対人関係回避 ◎社会的関心の低下	[職場での様子] ・雑談に加わらない ・ミスが頻発する ・以前できていた事ができない ・残業が多くなる ・反応が鈍い ・仕事を辞めたいと言う
身体的機能の低下	◎睡眠障害 ◎倦怠感、頭痛 ◎体重減少、嘔気 ◎性欲減退、頻尿 ◎めまい、長期にわたる風邪	[職場での様子] ・身体的理由で遅刻、早退、欠勤 ・あくび・居眠り ・疲れた様子 ・頻繁に離席

背景としてストレスが蓄積し、メンタルヘルス不調に陥ってしまうのです。

ですから職場では、発達障害の特徴傾向を持った人に関して、特異な行動だけに目を奪われず、突発休などの勤怠問題、疲れた様子、パフォーマンスの変化、あるいは、眠れないとか頭痛や腹痛などの訴えなどがうつ病のサインである可能性がありますので、それらを見逃さないよう注意する必要があります。同時にそれは、受診勧奨しやすい機会になるとも言えます。

発達障害の特徴を持った人へのアプローチ

一方、二次的なうつ病の疑いはないけれども、職場においての特異なトラブルが絶えないため「発達障害の特徴を持っているのではないか」と疑う上司もいると思います。この場合、うつ病と違って本人自身は心身の不調や、つらいという自覚は少ないですから、本人の不調を動機づけにして医療機関受診をすすめることは難しいでしょう。

しかし、本人自身は発達障害の特徴のゆえにうまくいかないということは理解していなくても、結果として職場でうまくいっていないことや周囲への不満について、ストレスを感じてはいる可能性があります。ですから、**なぜかうまくいかないとか不満と思っているような観点をもとにして、「相談」を促すというのはひとつの方法です。**

「あなたの仕事ぶりをみていて、いくつかの改善してほしいことについてはすでに話してきていますが、なかなか難しそうですね。きっと、あなた自身もこうしたい、こうできたらいいと思うことがあっても、思うようにいかないところがあるのではないかと思います。そういう状況が長くなると、知らず知らずのうちにストレスが高じることもありますから、一度病院で相談してみるのはどうでしょうか」

という具合です。

しかし、病院には抵抗がある人もいますし、医学的な問題と自分の抱えている不満やストレスとは関係がないと考える人もいます。そういう場合は、社外の医療機関というハードルを少し低くして、社内で健康管理に関わる産業医や看護職、カウンセラーなど産業保健スタッフへの相談を促すのもひとつの方法です。

あるいは、会社が社外ＥＡＰ（Employee Assistance Program）を持っていて、社外の専門家に相談できるようなサービスがある場合は、そのようなところに相談してもらうのもひとつです。

業務と直結する上司や同僚とは異なる立場の人から、受容的に話を聞いてもらいつつ、自分自身の特徴傾向への気づきや理解、あるいは受診や対面の相談に動機づけてもらうことが、対応の道筋になることもあります。

また同時に、本人が産業保健スタッフに相談するだけでなく、**上司自身が部下について相談することも有益です**。上司が抱えているマネジメントの難しさを、産業保健スタッフと共有し、職場の状況や本人の状態を一緒に検討してもらえる機会になる可能性もありますので、上司自身が産業保健スタッフや社外の相談窓口サービスを活用することも検討してください。

社内に産業医や保健師が常駐していない場合も、従業員50人以上の事業所であれば非常勤の産業医が来社していると思いますし、また、医療職ではありませんが特定の人事労務担当者が、従業員のメンタルヘルス体制の管理をしている場合もありますので、そうした担当者に上司が相談し、協働して対応していくことも大事です。

大切なことは、うつ病などのメンタルヘルス不調の有無にかかわらず、どのように本人を理解しマネジメントの工夫をしていくかということですから、受診していない場合でも、上司は産業保健スタッフ等に相談しながら本人と業務がうまくいくための話し合いをして、マネジメントの工夫を具体的に考える必要があります。

職場と医療機関との連携の重要性と課題

本書の冒頭から繰り返しお話ししてきましたように、本人が診断を求めた場合でも、医療機関は「ASDです」とか「ASDではありません」というようにすぐに白黒つけるわけではありません。

複数の心理テストや、成育歴の聞き取りを行ったとしても「ASDの特徴傾向があります」というグレーな結果を示すことも少なくありません。もしも本人からも周囲からも、発達障害を疑うような言及がなければ、通常、発達障害の可能性を前提とした診察や診断は行われません。

現に、ある程度の期間、一般の職業生活を送ることができている人たちは、医学的にはグレーゾーンである可能性も高く、前面に出ているうつ病などの治療が一義的になるので、それ以上積極的に発達障害を探ることは難しいのが現状です。

しかし、どんなに薄いグレーだったとしても、求められる職務や職場環境によって、そのグレーの特徴が問題にならないとは限りません。つまり、発達障害の医療的対象としては外側であるけれども、社会生活上は、何らかの支援が必要である、ということが十分あり得るのです。

このような「(薄い) グレーだけれども、特に職業生活上ではうまくいかない」人たちが、支援のはざまに落ち、場合によっては「うつ病」として休復職を繰り返すという結果になっていることも少なくありません。

会社も医療機関も、そうした人たちへのアプローチの方法が整理しきれていないのが実情であり、また、医療と会社が協同して進めていける標準的な支援の在り方も確立されていません。そこで、筆者が医療とＥＡＰを提供する立場から考える、有益な支援に必要なポイントをいくつか挙げます。

まず大切だと思う点は、職場と医療機関の情報のやりとりです。本人の働きぶりの詳細は、職場でしか分かりませんし、本人の弁だけでは、客観的な本人の様子は医療機関では把握できません。

また、医療機関は、患者側に立った医学的な治療が一義的な役割ですから、メンタルヘルス不調が認められなければ、「通院の必要なし」という判断になるのは妥当であると言わざるを得ません。

だからこそ、職場で何が起きているのかという情報が伝えられることは、医療機関にとっては貴重な情報となります。たとえば、症状はないけれども職業生活がうまくいかないというような場合は、医師による通院治療ではなく、カウンセラーによる対面のカウンセリングなどがメインになる可能性もあります。

ただし、医療機関としては、不用意に会社とコンタクトをとることによって個人情報を流出させ本人との信頼関係を阻害することになってはいけないと考えるため、最大限安全な形での情報のやりとりができるよう、十分考慮する必要があります。

職場に産業医が配置されている場合は、医師から医師への「紹介状」や「加療依頼書」などという形で、職場での様子などの情報を提供することが望ましい方法です。

本人の同意があれば、上司が受診に同行するとか、医療相談室などに職場での様子を伝えていただくという方法もあります。

また、休職しているためリワークを利用する場合には、リワーク機関によっては「職場からの情報提供書」の提出を機関側から依頼する場合があります。そうした書式がある場合は、できるだけ上司等が職場での本人の様子を具体的に記し、有益な連携の手段としていただきたいと思います。

本人の自己理解が最も大切

発達障害の特徴を持つ人は、自分自身の特徴について的確に理解することがとても大事です。「自分はこういうことにこだわる傾向がある」とか「聞き取ることが苦手だ」などを知っていることによって、いたずらに自分を責めたり、防衛的な気持ちから周囲に攻撃的・他罰的になったりすることなく、自分が最もうまく働ける方法を工夫したり調整したりする方法を見つけていける出発点になるからです。

しかし、全く自分に発達障害を疑ったことのない人が、自分の特徴に気がつくことはそう簡単ではありません。自分自身だけでは言動を客観的に観ることが難しいこともありますので、安心して自分を語ることができ、自分に向き合っていくことをサポートしてくれる支援者を確保してほしいと思います。

しかし、支援を得るための社会的資源は徐々に整備されてきているものの、まだまだ十分とは言えません。特に、職は得ているけれども、仕事がうまくいかないと感じているような診断のつかないグレーゾーンの方はなかなか相談する場所を得るのが難しいように思います。

もし二次的なうつ病などで受診しているような場合は、症状だけでなく仕事のやり方や職場のコミュニケーションなどについても主治医やカウンセラーに話す機会を持ってほしいと思います。あるいは休職しているような場合は、リワークプログラムに参加することで他の参加者との関わりなどから、自分を知る手掛かりになることもあります。

自分が発達障害だという確証がなくても、自分がうまくいく方法を探っていくために、個別に相談できるカウンセリングの機会や、リワークプログラムを積極的に利用してください。

精神保健福祉センターや、発達障害者支援センターなどでは、発達障害に関する啓発教育や相談を行っていますので、それら主催の講演会に参加してみたり、個別相談をしてみたりするのもよいと思います。

また、専門的な相談だけでなくどのようにしたら業務がうまくいくかは上司との話し合いが最も要となります。仕事のやり方や指示の受け方、コミュニケーションの方法などについて、これまでお話ししてきた障害特性を鑑みつつ、工夫できる方法を話し合ってください。上司が本人と話し合いをする際の注意点は次ページの図4の通りです。

また、上司がどのように工夫すればよいかわからないような場合は次でお話しする「コンサルテーション」を受けることも大切です。

図4 上司の声かけ・対応の方法

上司の悪い声かけ・対応	上司の良い声かけ・対応
周囲に人がいる 場所で話す	声をかけて 別室で話す
大きな声を出す	落ち着いて ゆっくり話す
何となく話し始める	面談の目的を始めに伝える （本人が心配なので 状況を確認したい、など）
業務の評価として話す	状況や状態を 心配していると話す
上司が 一方的に話す	部下が話せるよう 言葉を待つ
話す時間が短すぎる、 または長すぎる	10分では話せない 2時間では疲れる 概ね40分～50分程度の 所要時間が目安
あれこれと過去のことを 持ち出す	伝えたいことを 絞る
情報を一人で 抱え込む	自分の上司や 産業保健スタッフと共有
イライラした状態で 声をかける	上司もコンディションの よい時に話す
「おまえ 発達障害だと思うぞ、 だから……」	「あなたが苦手とするのは ○○のやり方だと 思うのですが、どうですか？ どうすれば やりやすくなりますか？」

専門的な「コンサルテーション」を受ける

コンサルテーションとは、異なる専門性を持つ人から問題のとらえ方や対応方法について指導や助言を受けることを言います。職場に産業医や看護職などの産業保健スタッフがいる場合は、彼らから、当該部下のマネジメントの方法について助言を受けることもひとつです。しかし、精神科医以外の産業医や産業看護職は、発達障害に対する臨床的な見地が少ない場合もありますので、精神科医やカウンセラーからコンサルテーションを受ける機会を持つことも有益です。

本人が受診している場合は本人の同意のもと医療機関に、あらかじめ助言を受けたい旨を伝えたうえで了承を得、上司や人事労務担当者が、直接主治医やカウンセラーから助言を求める方法もあります。

医療機関によっては、本人の同意が得られないとか、本人との信頼関係への影響を懸念して、そうしたコンタクトをしない場合もありますが、医療機関側が本人の不利益にならないということの信頼が持てれば、会社との連携がスムーズになることもあります。産業保健スタッフなどが、あらかじめ医療機関の責任者と面識を持つような機会をつくっておくのもひとつの方法です。

もちろん、医療機関と会社の連携は、会社側が本人について正しく把握して本人が働きやすくなることを目的としたものです。本人にもその目的をよく理解してもらい、本人の了承のもとで、会社と医療機関が連携できることが理想的です。

あるいは、会社が契約しているEAPには、上司が相談できるサービスが設定されていることがありますので、当該部下についての相談に、EAPサービスを利用するのもよいと思います。直接本人の治療に携わっていませんが、上司から得る情報をもとに部下への対応に適切な助言をもらえる可能性はあります。

なおコンサルテーションを受ける際は、以下を参考に要点をまとめるとよいでしょう。

・当該従業員の職場で問題となっている点（困っている点）
・社歴

・仕事のやり方
・職場の人間関係
・勤怠
・本人からの訴え
・心身の状態で気づく点
・これまで行ったマネジメント

カギは継続的なマネジメント

ここまで読んでいただいて、職場で本人と話し合っていくことが大切であるとお分かりいただけたと思います。結局のところ、本人が自分の特徴傾向を理解し、発達障害の理解がある上司と仕事がうまくいくための話し合いができ、本人自身の工夫とマネジメントの工夫の協力関係ができるのであれば、必ずしも受診は必要ない、とも言えるわけです。

特に、本書で想定しているようなグレーゾーンの人たちは、環境によってうまくやれる可能性も期待できる分、カギはやはりマネジメントにあると言えます。

繰り返しお伝えしているように、発達障害はスペクトラムですから、たとえ薄いグレーだったとしても、業務上に支障をきたすことはあり得ます。グレーだったら配慮の対象にならないということはありません。

特にグレーゾーンだと思われるような人たちに対して職場として必要なことは、発達障害という診断が医療機関において明確にされるかどうかではなく、**どうすれば仕事がうまくいくかという観点で本人と職場がいかに有益な話し合いができるかどうかなのです。**

したがって、「発達障害」という言葉を使わずに、たとえば「口頭だけの指示だと難しいみたいなので、今後は口頭指示の後に簡単なメモを渡しますから、それを必ず確認してください」とか、「進捗の確認をこまめにする必要があると思うので、毎週木曜日の13時から20分間ブリーフィングを行いましょう」などと提案することもできます。

あるいは、本人自身に「あなたの仕事がスムースに運ぶように考えたいのですが、業務を進めていくうえで分かりにくいとか、困るということはありますか？」「こういう方法だったらやりやすいという方法がありますか？」と聞きながら、一緒に考えていくことが最も重要です。

うつ病などの場合は症状が変化しますので、それに合わせて業務上の調整内容も変わります。たとえば、職場復帰直後は残業制限をはじめとした業務制限がありますが、仕事に慣れて状態がよくなれば、制限は次第に解除され、業務上の配慮範囲は少なくなっていきます。しかし、発達障害の場合は、基本的にその特徴は大きく変わりません。業務上の調整は業務内容を考慮しながらも一貫して継続していくことが大事です。

たとえば、週2回のブリーフィングを始めたけれども、数か月したところで何となくやらなくなってしまう、ということにならないようにする必要があります。

また、マネジメント上で工夫したやり方に効力があるかどうかを定期的にチェックしてください。形式だけで中身が形骸化することには意味がありません。

機能しているかどうかのチェックは、上司から見てトラブル防止できているかという「上司視点」も大切ですし、本人自身が仕事をしやすくなっているかなどの「本人視点」も重要です。十分機能していないようなら、内容を再検討しましょう。

また、本人や上司が異動や転勤した場合、せっかく機能していたやり方が途絶えてしまうことがあります。本人の同意を得て、上司から上司への申し送りをするか、または、人事労務担当者が新しい上司とかならず面談して、これまでのマネジメント方法を申し送ることなども重要です。

その際には、たとえば「ブリーフィングを行ってください」という方法だけ示すのではなく、当該者にとって何が苦手で、どういう問題が起きやすいか、それを防ぐためにどういう方法を取ってきたか、新しい上司がマネジメント上で問題を感じたら誰に相談すればよいか、なども合わせて伝えるようにしてください。

新しい上司が、本人へのマネジメントを単なる「形」として引き継ぐと、いつの間にか形骸化したり、立ち消えてしまったりする危険もありますが、「意味」が理解できると、これまでの方法が継続できるだけでなく、新たな問題が起きた時の対処や、さらによいマネジメント方法が見つけられる可能性もあります。

おわりに

発達障害の特徴を持つ人「だけ」に有益なマネジメントをしなければならないとしたら、それは「特別」なことであり、上司や職場にとっては「余計な手間」と感じられてしまうかもしれません。

上司が「本来はやらなくていいことをやらされている」ととらえると、そのこと自体が大きな心理的負担になります。せっかく配慮をしているのに、それ自体が感情的な軋轢の温床になってしまうという本末転倒が生じてしまうことにもなりかねません。昨今の多忙を極める上司の皆さんの立場を考えると、そう思ってしまうのも無理はないのです。

大切なことは「配慮」をできるだけ「特別なことにしない」ことです。

「特別なことにしない」とはどういうことでしょうか。ひとつは「配慮することによって、本人の生産性が上がる」というアウトプットを意識することです。上司は部下にアウトプットさせることが業務ですから「その部下に必要な方法でアウトプットさせることである」ととらえれば、配慮もマネジメントのうちであると腑に落ちることができると思います。

また、もうひとつは配慮の恩恵が本人だけでなく、できるだけ全体にとっての利益につながるような方法をとることです。「余計な手間」が「みんなにもいいこと」になるという工夫です。

たとえば、こんな事例があります。

●ある人は、多くの人が関わる複雑な工程の業務について理解することが難しく、たびたび工程が滞ることがありました。そこで、本人用に時系列になった丁寧なマニュアルを作ったところ、本人のミスが激減しました。

ところが本人だけでなく、新しくその業務に就く新人や、他企業のパートナーの人たちや非正規雇用の人たちにも分かりやすいと評判になり、みんながそれをもとに業務工程をつくるようにしたところ、非常に効率が上がりました。

●ある人は、細かいところにこだわり、なかなか仕事が進みません。上司も業を煮やしていましたが、その細かさを活用してみようという発想で本人が完全に納得できるデータのとり方をやらせてみたところ、必要だと思われていたデータがむしろ必要ないということまで分かり、本当に必要なデータ抽出方法が編み出され、皆が苦戦していたデータ集積の仕事が飛躍的に早くなりました。

●ある人は、ろくに挨拶もせず、必要最低限のことしか口を開かないので、なんとなく周囲から浮いた存在でした。ある時、総務に異動となり社員の一人ひとりにある書類を出してもらわねばならないような業務につきました。これまでこの業務は社員に顔を合わせて面倒なことを依頼しなければならないため、依頼するほうが遠慮して滞ってしまうことが常でしたが、相手の素振りを気にせずに、決められたことをきちんとこなすこの人は、これまでにないくらい迅速に進めることができ、総務としては非常に評価されるようになりました。

このように、**発達障害の特徴をうまくとらえ、活かすことで「みんなにもいいこと」という新たな利益を生み出すことができる可能性があるのです。**

「配慮しなければならないこと」から「みんなにもいいこと」へ、いかにポジティブに発想を広げ、柔軟に考えていけるかがこれからのマネジメントに必要な発想なのではないかと思います。

発達障害の有病率はＡＳＤで１００人に１人（１・０％）、ＡＤＨＤで30人に１人程度（２・５％～３・４％）と言われています。診断されていない人や薄いグレーで職場においてうまくいかないことが多々ある人なども含めれば、決して稀ではない相当数の存在と言えます。

もはや特別な配慮ではなく、今後ますます「当たり前のマネジメント手法」という意識に変えていくべきなのだろうと思います。

マルチタスクが求められる職場は「できないことをできるようにする」という発想が前提となりますが、できることや得意なことをなおざりにして、できないことや苦手なことに注力するやり方は、発達障害の特徴がある人にとっては、根本的に誤ったマネジメントと言えます。

ある人がこう言いました。「苦手なんじゃなくて、できないんです」と。周囲は「なぜ努力しないんだ」と思ってしまうのですが、それが彼らの本音なのだと思います。だからこそ、本人は誤解されてばかりだし周囲は疲弊してしまう。これを変えていくには、ぜひこうした新しい発想のマネジメントを実践していくことが必要だと思います。

次世代の職場においてはそれぞれの「得意」に着目し、それを最大限に生かしながら、全体としてどうバランスよくそれらを統合し、生産性に結びつけるかが、新しいマネジメントのあり方の課題と言えるのではないでしょうか。

参考文献

青木省三・村上伸治『大人の発達障害を診るということ　診断や対応に迷う症例から考える』（医学書院、2015年、4-10p）

岩波明『発達障害』（文春新書、2017年、20-53p）

月刊誌『治療　特集大人の発達障害』（南山堂、2012年）

厚生労働省「働く人のメンタルヘルス・ポータルサイト こころの耳」http://kokoro.mhlw.go.jp/

佐藤恵美「医療機関における心理社会的支援」『こころの科学195号』（日本評論社、2017年、32-36p）

高橋三郎・大野裕監訳『DSM-5 精神疾患の分類と診断の手引』（医学書院、2014年、26-33p）

田中克俊・井上勝夫編『こころの科学195号 職場の発達障害』（日本評論社、2017年）

日本発達障害連盟編『発達障害白書　2017年度版』（明石書店、2017年、3-12p）

ディスカヴァー携書 197

もし部下が発達障害だったら

発行日　2018年3月25日　第1刷

Author　佐藤恵美

Book Designer　石間淳
Illustrator
図版・フォーマット　小林祐司

Publication　株式会社ディスカヴァー・トゥエンティワン
〒102-0093　東京都千代田区平河町2-16-1 平河町森タワー11F
TEL　03-3237-8321（代表）
FAX　03-3237-8323
http://www.d21.co.jp

Publisher　干場弓子
Editor　藤田浩芳　渡辺基志

Marketing Group
Staff　小田孝文　井筒浩　千葉潤子　飯田智樹　佐藤昌幸　谷口奈緒美
古矢薫　蛯原昇　安永智洋　鍋田匠伴　榊原僚　佐竹祐哉　廣内悠理
梅本翔太　田中姫菜　橋本莉奈　川島理　庄司知世　谷中卓
Productive Group
Staff　千葉正幸　原典宏　林秀樹　三谷祐一　大山聡子　大竹朝子　堀部直人
林拓馬　塔下太朗　松石悠　木下智尋
E-Business Group
Staff　松原史与志　中澤泰宏　西川なつか　伊東佑真　牧野類

Global & Public Relations Group
Staff　郭迪　田中亜紀　杉田彰子　倉田華　李瑋玲　連苑如

Operations & Accounting Group Group
Staff　山中麻吏　小関勝則　奥田千晶　小田木もも　池田望　福永友紀

Assistant Staff　俵敬子　町田加奈子　丸山香織　小林里美　井澤徳子　藤井多穂子
藤井かおり　葛目美枝子　伊藤香　常徳すみ　鈴木洋子　内山典子
石橋佐知子　伊藤由美　小川弘代　越野志絵良　小木曽礼丈　畑野衣見

Proofreader　文字工房燦光
DTP　アーティザンカンパニー株式会社
Printing　中央精版印刷株式会社

ISBN978-4-7993-2240-6

携書ロゴ：長坂勇司
携書フォーマット：石間　淳